Wolfgang Reinhard

Von Mächten und Menschen

## Das Buch

Wolfgang Reinhard erzählt Weltgeschichte in kurzen, spannenden Kapiteln. Er berichtet von der Erfindung der Demokratie bei den Griechen, von der Entstehung des Germanenmythos, von der tatsächlichen Christlichkeit des Mittelalters, von den Folgen der Entdeckung Amerikas aus Sicht der Ureinwohner oder von den großen Linien der deutschen Geschichte im 20. Jahrhundert. Wolfgang Reinhard schaut immer hinter die Kulissen weltgeschichtlicher Ereignisse und Vorgänge und lehrt den Leser vor allem jenes grundsätzliche Misstrauen gegenüber allen einfachen Erklärungen, das einen guten Historiker ebenso auszeichnet wie einen guten Kommissar.

## Der Autor

Wolfgang Reinhard, Prof. Dr., geb. 1937, hatte lange Jahre einen Lehrstuhl für Geschichte in Freiburg inne. Er zählt zu den einflussreichsten deutschen Historikern. Einem großen Publikum ist er bekannt geworden mit seinen hochgelobten Büchern wie zuletzt „Die Unterwerfung der Welt. Globalgeschichte der europäischen Expansion“ (2016).

Wolfgang Reinhard

# Von Mächten und Menschen

15 kurze Weltgeschichten

HERDER

FREIBURG · BASEL · WIEN

MIX
Papier aus verantwortungsvollen Quellen
FSC® C014496


www.herder.de

Umschlaggestaltung: Finken & Bumiller, Stuttgart
Umschlagmotiv: © akg-images
Satz: Layoutsatz Kendlinger Mediendesign, Freiburg
Herstellung: GGP Media GmbH, Pößneck

ISBN Print: 978-3-451-07215-4
ISBN E-Book: 978-3-451-81891-2

# Inhaltsverzeichnis

1. Kapitel

# Die Nase der Kleopatra, oder: Was ist Geschichte?

*Kleopatras Nase: Wenn sie kürzer gewesen wäre, das gesamte Gesicht der Erde sähe anders aus.* Diese bemerkenswerte Feststellung findet sich nicht bei Asterix, sondern bei dem Philosophen Blaise Pascal (1623–1662). In der Tat, nach Münzen und anderen bildlichen Darstellungen hatte diese ägyptische Königin (51–30 v. Chr.) und Geliebte römischer Machthaber als Familienerbe eine lange spitze Nase und ein spitzes Kinn. Wir wissen allerdings weder, woher Pascal das wusste, noch, wie er sich den alternativen Ablauf der Weltgeschichte vorstellte. Aber eines ist klar: Mit seinem flotten Spruch bringt Pascal Politik und Geschichte auf ihren kritischen Punkt. Denn deren Ergebnisse gehen tatsächlich weniger auf großmaßstäbliche Planung und sachbezogene Entscheidung zurück, als auf sachfremden und kleinkarierten Einfluss beteiligter Personen. So hat Kleopatra VII. ihre wankende Herrschaft mit Hilfe ihrer Liebhaber stabilisieren können. Weil solche Einflüsse oft im Dunkel bleiben, glauben Zeitgenossen gerne an Verschwörungen. Zwar sind in der Tat immer vielerlei Leute hinter den Kulissen tätig, regelrechte Verschwörungen über gelegentliche Absprachen hinaus gibt es dennoch eher selten. Statt den Lauf der Welt mit Verschwörungen zu erklären, erhellt die Geschichtswissenschaft deswegen die Vorgänge hinter den Kulissen.

Ein jüngeres Beispiel: Am 18. Januar 1871, dem Jahrestag der ersten preußischen Königskrönung 1701, wurde nach dem

Kleopatra VII. auf einer Münze aus Alexandria

Sieg über Frankreich im Spiegelsaal des Schlosses von Versailles König Wilhelm I. von Preußen zum Deutschen Kaiser ausgerufen und damit das Deutsche Reich gegründet. Das kann man überall lesen. Darüber hinaus meist noch einiges über die vorangegangenen Verhandlungen und Verträge mit den übrigen deutschen Staaten, durch die dieser Schritt möglich wurde. Wenig oder gar nichts erfährt man allerdings über den entscheidenden Schachzug des preußischen Ministerpräsidenten Otto von Bismarck zur Überwindung des bayerischen Widerstandes, denn König Ludwig II. von Bayern wollte eigentlich selbstständig bleiben. Aber Ludwig war infolge seiner Bauleidenschaft, der wir Neuschwanstein und andere Märchenschlösser verdanken, weitgehend pleite. Großzügige Finanzspritzen aus Bismarcks schwarzer Kasse, dem Vermögen des 1866 von Preußen enteigneten Königs von Hannover, führten aber einen Sinneswandel herbei. Ludwig II. schrieb Wilhelm I. einen Brief und forderte ihn auf, den Kaisertitel anzunehmen. Damit hatte Bismarck zusätzlich seinen König ausgetrickst, dem dieser Titel eigentlich widerstrebte. Die Quittungen für die Zahlungen aus seinem „Reptilienfonds" hat Bismarck übrigens alle vernichtet.

Geschichte – das sind eben nicht nur die „Haupt- und Staatsaktionen", das „Staatshandeln", wie man heute sagt, das entweder großen Leuten oder anonym den Staaten zugeschrieben wird: Bismarck gründet das Deutsche Reich und „Frankreich" verliert den Krieg ... Geschichte – das ist zunächst einmal das kleine, häufig kleinliche und bisweilen korrupte Handeln vieler Beteiligter, die ihren eigenen Interessen folgen. Denn auch die „Großen" haben vor allem ein Interesse, nämlich an der Macht zu bleiben. Das bringt vielerlei Gewinn oder macht einfach Spaß. *Frau Merkel ist gerne Bundeskanzlerin,* konnte man in der Presse lesen.

Aber Geschichte ist noch mehr. In manchen Büchern sucht man vergebens nach dem 18. Januar 1871. Stattdessen erfährt man dort etwas über Wirtschaft und Gesellschaft, über den deutschen Zollverein, der die Reichsgründung vorbereitet hat, über die Zunahme der deutschen Bevölkerung, über Auswanderung und Industrialisierung. Geschichte – das sind auch wirtschaftliche und soziale Strukturen und Konjunkturen.

Doch damit noch nicht genug. In Versailles war der Maler Anton von Werner dabei und konnte Skizzen von den Beteiligten anfertigen. Daraus wurde ein großes Gemälde, das Wilhelm I. als Geschenk der deutschen Fürsten zum 80. Geburtstag 1877 erhielt. Es ist im Zweiten Weltkrieg im Berliner Schloss verbrannt, aber es gibt eine ganze Reihe weiterer

Fassungen, deren Abänderungen zeigen, dass zwar die Personen getreu abgebildet wurden, ihre Gruppierung aber nicht die geschichtliche Wirklichkeit wiedergibt, sondern vom Maler komponiert ist. In der letzten Fassung aus dem Bismarckschloss Friedrichsruh steht der Kaiser links erhöht, neben ihm der Großherzog von Baden, sein Schwiegersohn, der gerade das „Hoch" auf ihn ausbringt, nachdem Bismarck die Proklamation verlesen hat. Bismarck selbst steht im Mittelpunkt. Er trägt den Orden *Pour le Mérite* und ist durch seine weiße Kürassieruniform von den übrigen Anwesenden abgehoben. In Wirklichkeit war er damals blau uniformiert und den Orden erhielt er erst später. Daneben wird der Kriegsminister Roon abgebildet, der in Wirklichkeit wegen Krankheit nicht hatte teilnehmen können. Das eigentliche Thema ist aber der Begeisterungssturm der ausnahmslos uniformierten Anwesenden, die ihre gezückten Degen nach oben recken. Die Parlamentarier, die auch beteiligt waren, sind nicht zu sehen. Die Botschaft ist klar: das neue Deutschland ist das Werk Bismarcks, der Fürsten und des siegreichen Militärs. Und die Antwort blieb nicht aus: Nach der deutschen Niederlage im Ersten Weltkrieg wurde die deutsche Delegation von den Siegern am 18. Januar 1919 im selben Spiegelsaal zur Friedenskonferenz vorgeladen.

Geschichte – das ist also auch die wirkmächtige Bedeutung, der Sinn, den Menschen den historischen Tatsachen mit mancherlei Mitteln oder Medien zu geben wissen. Tatsachen können aber auch um ihrer Bedeutung willen verschwiegen werden, und es gibt sogar solche, die aus diesem Grund erfunden werden. Denn die Bedeutung von Geschichte liegt auch in der Geschichte ihrer Bedeutung.

Wir haben demnach bereits vier verschiedene Geschichten kennengelernt: Geschichte der Staatsaktionen von Institutionen und Würdenträgern – Geschichte der interessengeleiteten Handlungen unzähliger beteiligter Menschen – Geschichte als statistische Summe aus allen Handlungen, das heißt Strukturen und Konjunkturen – Geschichte als Geflecht symbolischer Bedeutungen. Geschichte als Einheit von allem ist aber ohnehin eine neue und künstliche Vorstellung. Eigentlich gibt es nämlich eine unendliche Zahl von Geschichten auf verschiedenen Feldern. Als *zeitliche* Felder werden üblicherweise antike, mittelalterliche, neuere und neueste Geschichte unterschieden, wobei die ungefähren Grenzen 600, 1500, 1800 aber ziemlich willkürliche Konventionen darstellen. *Sachliche* Felder sind die Geschichten von Männern und Frauen, von Verhalten und Denken, von Sprache und Recht, von Politik und Religion, von Wirtschaft und Gesellschaft, von Kunst und Literatur und so fort.

*Räumlich* gesehen ist Geschichte von Haus aus Geschichte des eigenen Nationalstaats. Der Historiker Leopold von Ranke hat Nationalstaaten als „Gedanken Gottes" bezeichnet. Das läuft gerne auf die Rechtfertigung der Geschichte des eigenen Staates hinaus. Allerdings lässt sich das nach Auschwitz in Deutschland nicht länger durchhalten; andere Länder haben ähnliche Probleme. Stattdessen ist heute europäische, amerikanische, afrikanische, asiatische oder gar Globalgeschichte angesagt; der Vergleich verschiedener geschichtlicher Kulturen soll neue Erkenntnisse über das Erbe der Menschheit ermöglichen. Doch führt die Masse des Stoffes zur Spezialisierung, sodass niemand genügend Sachverstand für ein so großes Ganzes beanspruchen kann. Die Bewältigung der Aufgabe durch Zusammenarbeit von Spezialisten scheitert aber an der nach wie vor maßgebenden nationalstaatlichen Orientierung der meisten Historiker, die nicht zuletzt auch in den nach-kolonialen Staaten Nationalgeschichte als ihre Bürgerpflicht ansehen. Auch wir werden vom vertrauten Feld der deutschen und europäischen Geschichte ausgehen müssen, wollen aber versuchen, dabei die Augen für anderes offen zu halten.

Dabei kommt uns die Vielfalt der Geschichte zu Hilfe, weil sie zu verschiedenen Perspektiven führt. Wir müssen ja zwei Bedeutungen von „Geschichte" unterscheiden: einerseits vergangene Geschichte als unseren Gegenstand, andererseits Geschichte als Abkürzung für „Geschichtswissenschaft" oder, kürzer, „Historie". Unterscheiden heißt freilich nicht trennen, denn das ist unmöglich. Einerseits gehört die Entwicklung der Geschichtswissenschaft zur Geschichte unserer Kultur; ihr gegenwärtiger Zustand, auf den ich jetzt zu sprechen komme, ist Ergebnis der jüngsten Geschichte. Auf der anderen Seite ist Geschichte nicht unmittelbar vorhanden wie ein Stein oder ein Baum, sondern nur als Konstruktion der Geschichtswissenschaft. Freilich keine beliebige Konstruktion, sondern eine Re-Konstruktion, die erstens auf die Hinterlassenschaft der Vergangenheit als unverzichtbaren Rohstoff angewiesen ist und zweitens nach bestimmten Regeln unter Kontrolle stattfindet. Kontrolliertes Vorgehen nach Regeln ist aber das Wesen von Wissenschaft überhaupt.

Auf verschiedenen Feldern sind verschiedene Zweige der historischen Wissenschaften mit eigenen Institutionen entstanden: Geschlechtergeschichte, Technikgeschichte, Ideengeschichte, Medizingeschichte und so fort. Dabei haben sich vier Richtungen herausgebildet, die den vier verschiedenen Geschichten entsprechen, die wir zuerst kennengelernt haben. Am ältesten ist die traditionelle Geschichtswissenschaft, die sich mit großer Politik und großen Ideen befasst. Begonnen haben wir allerdings mit dem Klein-Klein des politischen Alltags, dessen gezielte Untersuchung jüngeren Datums ist. Sie hat als Reaktion auf die Geschichte von Strukturen und Konjunkturen den handelnden Einzelmenschen wieder zum Gegenstand der Wissenschaft gemacht, allerdings nicht mehr den großen Mann auf offener Bühne, sondern den kleinen Mann und die kleine Frau hinter den Kulissen. Die Untersuchung anonymer Strukturen und Konjunkturen von Wirtschaft und Gesellschaft hatte sich an den Sozialwissenschaften orientiert. In Deutschland nannte sie sich „Historische Sozialwissenschaft“. Die Impulse kamen allerdings aus Frankreich, England und den USA. Ebenso für die post-moderne neue Kulturgeschichte, die sich ebenfalls von den Strukturen und Konjunkturen abgewendet hat und sich auf die Entschlüsselung der symbolischen Bedeutung geschichtlicher Befunde konzentriert. Sie beansprucht auch die Bezeichnung „Historische Anthropologie“, die allerdings auch umfassender als Geschichte der Regeln menschlichen Verhaltens betrieben wird. Philosophische und biologische Anthropologie machen stattdessen Allgemeinaussagen über den Menschen als solchen.

Der Rohstoff, aus dem Geschichtswissenschaft Geschichte (re-)konstruiert, besteht aus Informationen unterschiedlicher Herkunft über die Vergangenheit, in der Sprache der Historiker „Quellen“. Das sind Informationsträger, die dem geschichtlichen Sachverhalt möglichst nahestehen, also nicht etwa ein Buch, das Neues über die Reichsgründung herausfindet, oder – eine Ebene weiter von der Sache weg – ein Handbuch, das unser Wissen darüber zusammenfasst. Dergleichen nennt man im Gegensatz zu den (Primär-)Quellen wissenschaftliche (Sekundär-)Literatur. Eine Quelle wäre stattdessen ein Brief König Ludwigs II. von Bayern oder auch dessen Skelett, dem man heute eine Fülle von Informationen über den Verstorbenen entnehmen könnte.

Eine Quelle wäre auch das Gemälde der Kaiserproklamation, auf den ersten Blick für das Ereignis und die sorgfältig porträtierten Teilnehmer, auf unseren zweiten Blick aber vor allem für die Bedeutung, die der Maler ihm im Interesse der maßgebenden Leute geben wollte. Diesen zweiten Blick nennen wir Quellenkritik. Er ist das wichtigste Geschäft des Historikers. Quellenkritik ist übrigens auch bei Fotos und Filmen nötig, die keineswegs im Gegensatz zu sorgfältig komponierten Gemälden als unmittelbare Wiedergabe historischer Wirklichkeit gelten dürfen. Das ist nicht nur dann nötig, wenn aus einem offiziellen Foto des russischen Revolutionärs Lenin nachträglich dessen Genosse Trotzki wegretuschiert wurde, als letzterer in Ungnade gefallen war. Es gilt nicht minder zu beachten, wer oder was überhaupt fotografiert wurde oder nicht – etwa von Kriegsberichterstattern im Irakkrieg. Das Fernsehen zeigt keineswegs Politik pur, sondern konstruiert ebenfalls Geschichten.

Ein wichtiges quellenkritisches Prinzip besteht in grundsätzlichem Misstrauen gegen Quellen, die gezielt zur Erinnerung geschrieben sind. In Bismarcks „Gedanken und Erinnerungen", die das Geschichtsbild lange in seinem Sinne geprägt haben, tauchen mikropolitische Manöver wie die Bestechung Ludwigs II. nirgends auf, und der Bankier Gerson Bleichröder, einer der wichtigsten Beteiligten an derartigen Operationen, wird nur einmal beiläufig in unverfänglichem Zusammenhang erwähnt. Misstrauen ist aber nicht nur bei Verdacht auf Geschichtsfälschung angesagt, sondern gegenüber jeder menschlichen Gedächtnisleistung. Warum sollten historische Zeitzeugen zuverlässiger sein als Zeugen vor Gericht, deren widersprüchliche Erinnerungen einen Richter zur Verzweiflung treiben können, auch wenn sie noch so guten Willens sind? Nicht wir lügen, sondern unser Gehirn belügt uns!

Deswegen brauchen Interviews mit Zeitzeugen oder Trägern mündlicher Überlieferung besonders viel misstrauische Kontrolle. Denn diese sogenannte *Oral History* ist sowohl in der Zeitgeschichte als auch in der afrikanischen Geschichte, wo es an schriftlichen Quellen fehlt, unentbehrlich. Aber wir wissen inzwischen, dass mündliche Überlieferung meist nicht neutrales Wissen über Vergangenheit weitergibt, sondern aktuelle Deutung der Vergangenheit im Dienste der Gegenwart. Selbstverständlich tut auch die Geschichtswissenschaft häufig nichts anderes, aber sie tut es zumindest nicht unkontrolliert.

Traditionell hat die Geschichtswissenschaft daher stets mehr Vertrauen in Quellen gesetzt, die keine Geschichte erzählen wollen, sondern anderen Zwecken dienen sollten oder einfach zufällig übrig geblieben sind. Wir nennen sie deshalb „Überreste“. Natürlich können auch sie für jene Zwecke manipuliert sein, aber derartige Eingriffe lassen sich oft mit anderen Stücken identifizieren und korrigieren. Wenn zum Beispiel in den 1960er Jahren aus den Personalakten baden-württembergischer Beamter die Fragebögen zur Entnazifizierung planmäßig entfernt wurden, dann gibt es immer noch die Akten der Entnazifizierung selbst, wo sich die entsprechenden Informationen erheben lassen. Akten aller Art sind daher die wichtigsten Überreste, aber Bodenfunde, etwa Skelette, gehören auch dazu. Denn die verschiedenen Zweige der Archäologie sind ebenfalls historische Wissenschaften. Insbesondere für ältere Perioden der Geschichte sind wir auf sie angewiesen.

Aber nicht nur der Umgang mit Überresten aller Art verlangt umfassende Spezialkenntnisse – zum Beispiel für ältere Akten Beherrschung der betreffenden Schriften, Abkürzungen, Rechenverfahren, für jüngere Akten Kenntnis der Verwaltungsgeschichte und des Personals. Auch erzählende Quellen sind oft nicht ohne Weiteres zugänglich. Man muss wissen, wovon die Rede ist, die altertümliche oder fremde Sprache der Quelle beherrschen oder zumindest die Bedeutung wesentlicher Begriffe kennen, herausfinden, was fehlt und warum und so fort. Kurzum, man muss übersetzen, zum Teil wörtlich aus dem Latein des Mittelalters in unsere Sprache, in jedem Fall im übertragenen Sinn aus dem Denken einer anderen Zeit in unser Denken. „Übersetzen“ heißt lateinisch „interpretari“, griechisch „hermeneuein“. Daher nennt man das Verfahren, wie man Quellen zum Sprechen bringt,

„Interpretation" oder „Hermeneutik". Es wird auch in Sprach- und Literaturwissenschaften benutzt; aus diesem Grund hieß es früher die „historisch-philologische Methode".

Heute sind ganze Philosophien daraus geworden, vor allem seit die post-moderne „linguistische Wende" der Wissenschaften Befunde aller Art radikaler denn je auf sprachliche Bedeutung reduziert. Es ist zwar richtig, dass auch Befunde aus Akten, Statistiken, Skeletten und sogar aus naturwissenschaftlichen Experimenten sprachlich interpretiert werden müssen. Es gibt also eine Hermeneutik im engeren, textgebundenen und im weiteren, sachverhaltbezogenen Sinn. Aber die Beschränkung auf die Sprache ohne Rücksicht auf den sachlichen Rohstoff, über den gesprochen wird, macht die Interpretation beliebig: Der Sprecher entscheidet, was er sagen und schreiben will. Hier endet die Wissenschaft, die in Kontrolle besteht. Erstens behalten die Quellen ein Vetorecht gegen alle Interpretationen. Zweitens sorgt der Neid der Kollegen dafür, dass dieses Vetorecht mit aller Strenge ausgeübt wird.

Nichtsdestoweniger lässt sich auch hier mit der Nase Geschichte machen. Wenn am Anfang die Nase der Kleopatra als Chiffre für den häufig übersehenen mikropolitischen Charakter der Geschichte stand, dann steht am Ende „eine Nase dafür haben" als wichtige Voraussetzung der Geschichtswissenschaft. Denn durch Begabung und Erfahrung haben gute Historiker einen „Riecher" für interessante Probleme, wichtige Quellen und schlüssige Interpretationen. Freilich, was sie auf diese Weise „gerochen" haben, müssen sie anschließend fehlerfrei vor den Quellen und den Kollegen beweisen. Dann erst ist Wissenschaft daraus geworden!

## 2. Kapitel

# Gewalt in der Geschichte

Der Zweite Weltkrieg (1939–1945) hat mindestens 55 Millionen Menschen das Leben gekostet, davon mindestens 35 Millionen nicht kämpfende Männer, Frauen und Kinder. Und der deutsche Massenmord an den Juden ist nicht der einzige „Völkermord" geblieben. Zuerst in Russland, dann auch in China, Kambodscha, Ruanda und anderswo mussten Hunderttausende oder gar Millionen sterben, nur weil sie zur falschen Sorte Mensch gehörten. Geschichte ist auch das Leiden unzähliger Menschen, Leiden vor allem unter der Gewalt anderer Menschen.

Dabei gibt es seit dem späten 18. Jahrhundert vollmundige Erklärungen der allgemeinen Menschenrechte mit dem Recht auf Leben als Grundlage. 1928 wurde im Briand-Kellog-Pakt der Krieg als Mittel der Politik abgeschafft und der Angriffskrieg völkerrechtlich verboten. 62 Länder haben diesen Vertrag ratifiziert. Seither gibt es keine „Kriegsminister" mehr, sondern nur noch „Verteidigungsminister", und auch keine Kriegserklärungen und Friedensschlüsse mehr. Die Hunderte von Kriegen, die allein nach 1945 stattgefunden haben, tragen aber nur andere Namen. Auch Hitler eröffnete den Krieg gegen Polen 1939 als angeblichen Verteidigungskrieg mit den Worten: *Seit 5 Uhr 45 wird zurückgeschossen!*

Die Folter war seit dem Hochmittelalter selbstverständlicher Bestandteil des Strafprozesses. Oft wurden sogar die Zeugen gefoltert, um wahrheitsgemäße Aussagen zu erhalten. Man kann diese staatlich kontrollierte Gewaltanwendung in der Justiz sogar als Fortschritt bewerten. Denn vorher wurde die Entscheidung im Zweikampf oder durch Gottesurteil gesucht, sofern der Geschädigte es nicht vorzog, sein gutes Recht durch Blutrache oder einen privaten Krieg, eine Fehde, gegen den Schädiger zu erstreiten. Solche „rechte Gewalt“ war rechtens oder wurde zumindest geduldet, bis die Staatsgewalt ihr Monopol auf die Anwendung physischer Gewalt nach innen und außen errichtete. Justiz und Polizei im Innern, Politik und Militär nach außen wurden die Instrumente zu seiner Durchsetzung. Seit dem 18. Jahrhundert fühlten sich die Machthaber aufgeklärt und stark genug, um auch auf die Folter verzichten zu können. Sukzessive wurde sie abgeschafft und verboten. Nichtsdestoweniger ist sie inzwischen hinter den Kulissen wieder üblich und in Israel und den USA sogar rechtlich zulässig. In Deutschland wird einstweilen nur darüber diskutiert.

Deutschland und große Teile Europas konnten sich 65 Jahre Friedens erfreuen, die längste Friedensperiode ihrer Geschichte. Allerdings lange Zeit nur dank des Gleichgewichts gegenseitiger Bedrohung der beiden Weltmächte UdSSR und USA, nicht zu Unrecht „kalter Krieg“ genannt. Doch kaum hatte sich nach dem Zusammenbruch der Sowjetunion die Angst vor dem Weltkrieg gelegt, da brachen in Südosteuropa bewaffnete Konflikte aus, da begannen die USA als einzige verbleibende Weltmacht nach Belieben neue Kriege, da müssen die Deutschen, denen 1945 gepredigt wurde: *Wer noch einmal ein Gewehr in die Hand nehmen will, dem soll die Hand abfallen*“ (Franz Josef Strauß, später Verteidigungsminister), wieder lernen, Kriege zu führen.

Offiziell ist die Gewalt zwar aus dem heutigen gesellschaftlichen Leben verbannt wie nie zuvor, theoretisch sogar aus den Familien und ihrer Kindererziehung. Doch während Erwachsene Kinder nicht mehr schlagen und Lehrer ihre Schüler nicht mehr körperlich züchtigen dürfen, werden Erwachsene von Kindern zu Tode geprügelt und Lehrer samt Mitschülern von schwer bewaffneten Schülern niedergemäht.

Nicht nur Historiker müssen sich fragen, ob es sich bei alledem um spezifische Exzesse des 20./21. Jahrhunderts handelt oder ob Gewalt eine allgegenwärtige Konstante des menschlichen Lebens und damit der Geschichte ist. Ein Biologe und Verhaltensforscher hat einst behauptet, der Aggressionstrieb gehöre zur angeborenen Grundausstattung des Menschen. In der Tat, wenn unsere nächsten Verwandten, die Schimpansen, und andere Tiere aggressiv werden, richtet sich ihre Körperbehaarung auf, sodass sie größer und bedrohlicher aussehen, ein Mechanismus, der sich auch bei uns findet. Auch unsere früher die Haare sträubenden Muskeln unter der Haut ziehen sich in entsprechenden Situationen zusammen – aber wir haben inzwischen keine Körperbehaarung mehr zum Sträuben, wir sind „nackte Affen" geworden. Auch Kinder müssen aggressiv ausprobieren, was erlaubt ist und wieweit sie gehen können. Sie brauchen freundlichen, aber festen Widerstand der Erwachsenen, sonst geht die Erziehung schief und möglicherweise läuft ihre Aggressivität dann später Amok. Ein gewisses Maß an Aggressivität ist schließlich auch die Grundlage des Wettbewerbs, auf dem nicht nur unsere Wirtschaft und Gesellschaft beruht.

Zeitweise galt der aggressive Mensch sogar als besonders bösartiges Tier, denn er soll zur Rechtfertigung seiner Gewalttätigkeit die sogenannte „Pseudospezifikation" erfunden haben. Während Tiere keine Angehörigen der eigenen Art oder *Spezies* töten und kämpfende Hirsche oder Wölfe den Besiegten schonen würden, habe der Mensch im Gegensatz dazu die Möglichkeit entwickelt, Artgenossen zu Angehörigen einer fremden Art umzudefinieren und so aus der Menschheit auszuschließen. Damit wären sie zur Tötung freigegeben. Juden oder Indianer oder Angehörige einer fremden Nation wären dann ganz einfach keine richtigen Menschen mehr. Denn umgekehrt lautet die Selbstbezeichnung vieler menschlicher Gruppen weltweit schlicht „Mensch"!

Wer daran glaubte, dass der Mensch seinem Wesen nach gut sei, wie es seit der Aufklärung des 18. Jahrhunderts in Europa üblich wurde, für den durfte das alles einfach nicht wahr sein. Noch heute haben respektable Nachfahren der Aufklärung Schwierigkeiten mit dem Gedanken, dass Auschwitz zu den Möglichkeiten des Menschen gehört. Daher wurde parallel zur Vorstellung von der natürlichen Güte des Menschen diejenige von seiner Korrumpierung durch die Kultur entwickelt. Danach lebte der unverdorbene Naturmensch in harmonischem Einklang mit der Umwelt und nutzte deren Ressourcen instinktiv mit nachhaltiger Behutsamkeit. Hatten nicht Untersuchungen von heute noch existierenden Jägern und Sammlern gezeigt, wie diese ohne viel Mühe reichliche Nahrung aus Früchten und etwas Wildbret beschaffen und ein geruhsames Leben führen konnten? Ebenso sollten unsere Vorfahren wie ihre älteren Vettern, die Gorillas und Schimpansen, in ihren Horden friedlich nebeneinander gelebt haben, denn es war genug Raum und Nahrung für alle da.

Irrtum! Neuere Forschungen bieten ein ganz anderes Bild. Früher herrschte die Vorstellung, die ungewöhnliche Entwicklung des Gehirns, die den Menschen allmählich zum Menschen werden ließ, müsse mit der Nutzung des Feuers und der Entwicklung von Werkzeugen zusammenhängen. Heute hingegen spricht vieles dafür, dass die Entwicklung sozialer Techniken der Selbstbehauptung und der Übervorteilung von Artgenossen in der Horde sehr viel wichtiger gewesen ist. Das belegen Untersuchungen über die entsprechende „Mikro-Politik" von Schimpansen. Zur Schimpansen-Politik gehört aber auch Gewalt, denn Schimpansenbanden führen blutige und grausame Kriege gegeneinander mit dem Ziel wechselseitiger Ausrottung.

Entsprechendes gilt auch für die sogenannten „Naturvölker" und für unsere Vorfahren. Archäologische Funde belegen grausame Kämpfe und Gewalt zwischen Gruppen, die einst als Inbegriff eines idyllischen Lebens galten wie die Anasazi im Südwesten der heutigen USA. Und es spricht vieles dafür, dass bereits die ursprüngliche Bevölkerung in Nordamerika und anderen Erdteilen manche jagdbaren Tiere ausgerottet hatte, lange bevor die Weißen kamen.

Auch die Vorstellung, dass Männer von Natur gewalttätiger seien als Frauen, ist inzwischen ins Wanken geraten. Das Frauenwahlrecht und die weiblichen Regierungschefs des 20./21. Jahrhunderts haben so wenig wie frühere Herrscherinnen zur Bestätigung der einst beliebten Unterstellung beigetragen, unter der Herrschaft der Frauen sei die Welt friedlicher gewesen und könne wieder friedlicher werden. Das könnte freilich auch an den Männern liegen. Männer und Frauen sind zwar möglicherweise gleich aggressiv, aber aus unzähligen Gerichtsakten ergibt sich, dass Männer rascher zur Gewaltanwendung übergingen, während Frauen ihre Aggression eher verbal zum Ausdruck brachten. Das mag an der fast überall anzutreffenden gesellschaftlichen Arbeitsteilung der Geschlechter liegen, die Männer zu Helden des Kriegs, Frauen zu Heldinnen des Gebärens machte. Bei den Azteken gelangten im Kindbett gestorbene Frauen in denselben Himmel wie die im Kampf oder auf dem Opferstein getöteten Männer!

Neuerdings hat sich aber auch hier eine einzigartige Revolution der Geschlechterverhältnisse vollzogen. Polizistinnen, Soldatinnen und Verbrecherinnen begnügen sich heute nicht mehr mit eher gewaltfernen Sonderaufgaben, sondern haben in allen drei Bereichen ihre gleichberechtigte Beteiligung an der Ausübung physischer Gewalt durchgesetzt. Polizistinnen gehören heute zum Stadtbild und ebenso wie Verbrecherinnen zum normalen Kriminalroman oder -film. Aus beiden Geschlechtern gemischte Kampftruppen des Militärs gab es erstmals im Zweiten Weltkrieg in der Sowjetunion und seit den 1940er Jahren in Israel.

Soldatinnen der israelischen Armee in Jerusalem

Bis dahin waren kämpfende Soldatinnen eine Ausnahme, aber die „normale Ausnahme" bestand in geschlossenen weiblichen Einheiten in der Tradition des Amazonenmythos. Auch sie finden sich in der Sowjetunion, aber keineswegs zum ersten Mal. Das westafrikanische Königreich Dahomey hatte im 18./19. Jahrhundert ein „Amazonenkorps", die Armee des südafrikanischen Zulu-Königs Shaka bestand im frühen 19. Jahrhundert zum Teil aus weiblichen Regimentern und die chinesische Taiping-Revolution Mitte des 19. Jahrhunderts, die ganz unchinesisch die Gleichberechtigung der Geschlechter proklamierte, stellte weibliche Kampfverbände auf. Die Frauen der Apachen hingegen konnten sich als einzelne am Kampf beteiligen, konzentrierten sich aber lieber auf das Foltern der Gefangenen. Auch die Kriegerinnen Dahomeys waren wegen ihrer Grausamkeit nicht weniger gefürchtet als wegen ihrer Tapferkeit.

Neue Untersuchungen haben gezeigt, dass es kaum biologische Gründe für eine stärkere Neigung der Männer zur kriegerischen Gewalt gibt. Ein „Gewalt-Gen" konnte im Erbgut nicht identifiziert werden. „Super-Männer" mit zwei Y-Chromosomen statt X+Y wie normale Männer sind zwar krimineller, aber nicht gewalttätiger, sondern nur dümmer. Natürlich entspricht eine stärkere Ausschüttung des männlichen Sexualhormons Testosteron größerer Aggressivität, aber diese betrifft vorwiegend Rivalitäten in der Gruppe, nicht den Krieg. Jungen mögen Rangeleien und erleiden deswegen häufiger Augenverletzungen als Mädchen, aber diese Vorliebe ist teilweise kulturell bestimmt. Aus der Sicht der Hirnforschung haben Männer einen besseren Raumsinn – eine wichtige Voraussetzung für den Krieg, während Frauen eine höhere Sprachkompetenz besitzen – kein Wunder, dass sie ihre Aggressivität lange vorwiegend verbal auslebten. Männer sind normalerweise größer und stärker, aber das bestimmt sie noch nicht für die Kriegerrolle. Ganz offensichtlich war das männliche Gewaltmonopol in erster Linie eine kulturelle Folgeerscheinung der erwähnten traditionellen gesellschaftlichen Arbeitsteilung der Geschlechter.

Aggressivität ist nach allem, was wir wissen, in Geschichte und Gegenwart unausweichlich präsent, aber nach Ausmaß, Form und „Zuständigkeit" kulturell geregelt. Außerdem hat die Entwicklung der Menschheit Möglichkeiten zur Zähmung zumindest der gewalttätigen Aggression hervorgebracht. Dennoch erscheint fraglich, ob solche Regeln zu einer Verminderung des gesellschaftlichen Gesamtaufkommens von Gewalt führen. Die Geschichte scheint eher auf eine Umverteilung von Gewalt hinauszulaufen. Wird sie an einer Stelle eingeschränkt, dann tritt sie dafür anderswo verstärkt auf. Das lässt sich zumindest an der mittelalterlichen und neuzeitlichen Geschichte Europas beobachten.

Auch wenn Gerichtsakten nur Ausnahmen betreffen, so lässt sich ihnen doch entnehmen, wie früher der „normale Ausnahmefall" aussah, das heißt, wie rasch ein ganz normaler Kleinkonflikt in Gewalttätigkeit umschlagen konnte. Dieses Verhalten hat sich auf dem Land noch lange gehalten. In den Städten hat sich die Obrigkeit früh, aber lange vergebens, um Disziplinierung der Einwohner bemüht. Auch die Herrscher Europas versuchten, die Blutrache zu unterdrücken und ihrem Adel seine Privatkriege, die Fehden, abzugewöhnen. Nachdem der moderne Staat schließlich sein Gewaltmonopol durchgesetzt hatte, blieb von der nunmehr illegalen, aber für manche Leute nach wie vor gebotenen Gewalt bis ins 20. Jahrhundert noch das Duell übrig.

Inzwischen ist das staatliche Gewaltmonopol längst wieder durchbrochen. Private Sicherheitsfirmen ersetzen die Polizei und internationale Söldnerunternehmen führen gegen Barzahlung Krieg. Das war bereits in der frühen Neuzeit vor der Durchsetzung des staatlichen Gewaltmonopols der Fall gewesen. Albrecht von Wallenstein im Dreißigjährigen Krieg war der berühmteste von Tausenden Militärunternehmern oder *Condottieri*, die damals gute Geschäfte mit der Gewalt machten.

Es stimmt allerdings nachdenklich, dass mit dem Rückgang der „privaten" Gewalt die öffentliche zunahm. Während bis dahin die Kriege der Könige als Sonderfall der

Adelsfehde gelten konnten, denn die Kriegserklärung erfolgte in Form der fehderechtlichen Absage, wurde im 16. Jahrhundert der Krieg als öffentlich-rechtliche Veranstaltung erfunden. Und als im siebzehnten das fürstliche Gewaltmonopol halbwegs durchgesetzt war, da explodierte die Zahl dieser Kriege wie nie zuvor. Schon im Mittelalter gehörte zum vollkommenen Herrscher die erfolgreiche Kriegführung. Das sollte so bleiben, denn nur Siegern wie Friedrich II. von Preußen gewährte die Geschichte die Bezeichnung „der Große", Verlierern wie Ludwig XIV. von Frankreich blieb sie auf Dauer versagt. Stellen Sie sich die Reaktion der Geschichte vor, wenn „der größte Feldherr aller Zeiten" Adolf Hitler den Zweiten Weltkrieg gewonnen hätte!

Theologen und Philosophen hatten zwar sehr strenge Regeln für die Erlaubtheit eines Krieges aufgestellt. Er durfte nur zur Wiedergutmachung erlittenen Unrechts in guter Absicht und mit dem Ziel eines gerechten Friedens geführt werden und je länger desto mehr nur von demjenigen, der dazu berechtigt war. Im frühen Mittelalter galt auch ein Kämpfer, der in einem „gerechten" Krieg getötet hatte, als Mörder und musste jahrelang Kirchenbuße tun. Erst im Zuge der Kreuzzüge sind die Päpste davon abgekommen. In der Frühneuzeit hatte dann jeder Krieg der Obrigkeit die Vermutung der Gerechtigkeit für sich; die Untertanen durften sich darüber nicht mehr den Kopf zerbrechen. Das machte noch Hitlers Soldaten zu schaffen.

Im 18. Jahrhundert schien der vom Staat, aber immer noch mit Söldnern geführte Krieg vorübergehend zu einem Rechtsgeschäft zwischen Staaten, zu einer Fortsetzung der Politik mit anderen Mitteln zu werden. Die Zivilbevölkerung wurde wenig in Mitleidenschaft gezogen, sofern sie nicht in der Kampfzone wohnte. Aber mit der Französischen Revolution wurde der Krieg zur Sache der ganzen Nation und ihrer Ideale. Die allgemeine Wehrpflicht machte alle Männer zu

Kämpfern, das gesamte Volk wurde mobilisiert. Es ging jetzt um Sein oder Nichtsein der Nation. Der Krieg wurde zum Stahlbad ihrer Verjüngung und geradezu zum Selbstzweck. Helden waren hinfort Kriegshelden, gefallene Krieger traten an die Stelle der christlichen Märtyrer, wie nationale Gedenkstätten und unzählige lokale Kriegerdenkmäler kundtun.

Unser Zeitalter ist im Gegensatz dazu extrem unheroisch, ja geradezu anti-heroisch, auch wenn inzwischen wieder Kriegerdenkmäler errichtet werden. Aber die Toten der Bundeswehr sind zum geringeren Teil im Kampf gefallen – bisher. Auf der anderen Seite dürfte das staatliche Gewaltmonopol hierzulande trotz allem dazu geführt haben, dass auch der Durchschnittsmensch statistisch gesehen weniger mit körperlicher Gewalt in Berührung kommt als je zuvor – bisher.

3. Kapitel

# Die Griechen und die Erfindung von Politik und Demokratie

Athena, die griechische Göttin der Weisheit und des Kampfes, soll fertig gewappnet dem Haupt des Göttervaters Zeus entsprungen sein. Heute wird stattdessen behauptet, sie sei mit der ägyptischen Göttin Neith identisch und von Haus aus eine Schwarze. Darin kommen zwei gegensätzliche Auffassungen von der Rolle der alten Griechen in der Geschichte zum Ausdruck: einerseits die Griechen als geniale Schöpfer der Grundlagen europäischer Kultur, andererseits die Griechen als bloße Nutznießer altorientalischer und vor allem alt-ägyptischer Errungenschaften. Ägyptisch, das kann aber auch heißen: schwarzafrikanisch. *Vor 30 000 Jahren bedeckte die schwarze Rasse die Welt*, schrieb ein afrikanischer Historiker, seine Kollegen reklamierten die ägyptische Kultur für Schwarzafrika und suchten nachzuweisen, dass die Griechen ihre wichtigsten kulturellen Errungenschaften von dort übernommen hätten. Demgemäß wird auch darüber diskutiert, ob die Königin Kleopatra VII. nicht ebenfalls eine Schwarze gewesen sei.

In der Tat, nach heutigem Wissensstand ist der Mensch von Haus aus Afrikaner. Der älteste Urmensch *Homo erectus* begann vor knapp 2 Millionen Jahren aus Afrika nach Asien und Europa zu wandern. Seit mindestens 800 000 Jahren benutzte er Werkzeuge und das Feuer. Aber auch der heutige *Homo sapiens* entwickelte sich vor 200–100 000 Jahren in Afrika, verbreitete sich von dort über die Erde und hatte vor ca. 30 000 Jahren die Nachkommen des *Homo erectus* verdrängt.

Ob er ursprünglich eine dunkle Haut hatte, wissen wir freilich nicht. Ebenso lässt sich darüber streiten, wie afrikanisch die alten Ägypter und ihre Kultur gewesen sind und was die Griechen von ihnen gelernt haben.

Dennoch erweist sich die Alternative schöpferisch oder abhängig als Pseudoproblem zweier miteinander konkurrierender Rassismen: einerseits der seit dem 18. Jahrhundert übliche eurozentrische Rassismus, für den nur die weiße Rasse kulturell schöpferisch gewesen ist und die Griechen als Urheber der europäischen Kultur keine Vorläufer gehabt haben können – anderseits der afrikanische Rassismus, der seinerseits die Überlegenheit der schwarzen Rasse behauptet und dabei eine ehrwürdige europäische Tradition benutzen kann, nach der alle Weisheit der Welt ihre geheimnisvollen Ursprünge in Ägypten hatte.

In Wirklichkeit ist das eine so unzutreffend wie das andere, nicht nur weil es sich um zwei kurzatmige Rassismen handelt, sondern auch weil die Wissenschaft längst ganz andere Vorstellungen von kultureller Kreativität im Allgemeinen und von den Leistungen der Griechen im Besonderen hat. Kulturelle Kreativität besteht nämlich keineswegs in Neuschöpfung aus dem Nichts, sondern in Auseinandersetzung mit Vorgaben, die bei der Aneignung verwandelt und der eigenen Welt angepasst werden. Demgemäß ist es für die Forschung längst selbstverständlich, dass die Griechen kulturell auf den Schultern des alten Orients (von den Sumerern bis zu den Phönikern) und der Ägypter standen und dass ihre weltgeschichtliche Leistung nicht zuletzt in der kreativen Aneignung dieses Erbes besteht.

Sogar die Ursprünge ihrer Philosophie, auf der dann weltgeschichtliche Giganten wie Platon und Aristoteles, die Epikureer und die Stoiker aufgebaut haben, könnten in der Auseinandersetzung mit altorientalischem Denken zu suchen sein. Immerhin weist bereits die griechische Mythologie, an die spätere Philosophen anzuknüpfen pflegten, erstaunliche Parallelen dazu auf. Die Söhne des Kronos, die drei Götter Zeus, Poseidon und Hades, teilen die Welt unter sich auf wie die babylonischen Großgötter Anu, Enlil und Enki. Der Held Achilleus spricht mit dem Geist seines gefallenen Freundes Patroklos wie der sumerische König Gilgamesch mit seinem toten Freund Enkidu.

Die Griechen wussten selbst, dass sie die Buchstabenschrift samt Schreibmaterial und Schreibunterricht von den Phönikern übernommen hatten. Aber sie haben die Schrift durch Hinzufügen von Vokalzeichen erst zu einem weltgeschichtlich maßgebenden, allgemein zugänglichen Kommunikationsmittel gemacht und zur Aufzeichnung von vielerlei Dingen einschließlich Dichtung und Philosophie benutzt.

Auch in der bildenden Kunst, in der die Griechen wie in der Philosophie weltgeschichtlich maßgebend gewirkt haben, sind entsprechende Aneignungen nachzuweisen. Die steifen stilisierten Jünglingsstatuen ihrer archaischen Plastik, die sogenannten *Kuroi,* sind ganz offensichtlich von ägyptischen Bildhauern übernommen. Und die Verdrängung der geometrischen Verzierung von Vasen durch Figuren und Pflanzenmuster lässt sich auf orientalische Vorbilder zurückführen.

Nichtsdestoweniger wussten die Griechen nicht nur, dass sie anders waren als die Orientalen, sie fühlten sich ihnen auch überlegen. Alle anderen waren für sie „Barbaren", *barbaroi,* ein lautmalerisches Wort, das mit seinem Klang zum Ausdruck bringt, dass diese Leute nicht richtig, das heißt aber griechisch, reden können. Aus dieser Abgrenzung von den Fremden gewannen sie ihr eigenes kulturelles und politisches Identitätsbewusstsein. Der Gegensatz wurde auf die Spitze getrieben, als sie sich 500–449 v. Chr. gegen die Expansion des persischen Großreiches wehren mussten und dabei siegreich blieben – mit beträchtlichen weltgeschichtlichen Folgen. Denn daher datiert erstens der Gegensatz europä-

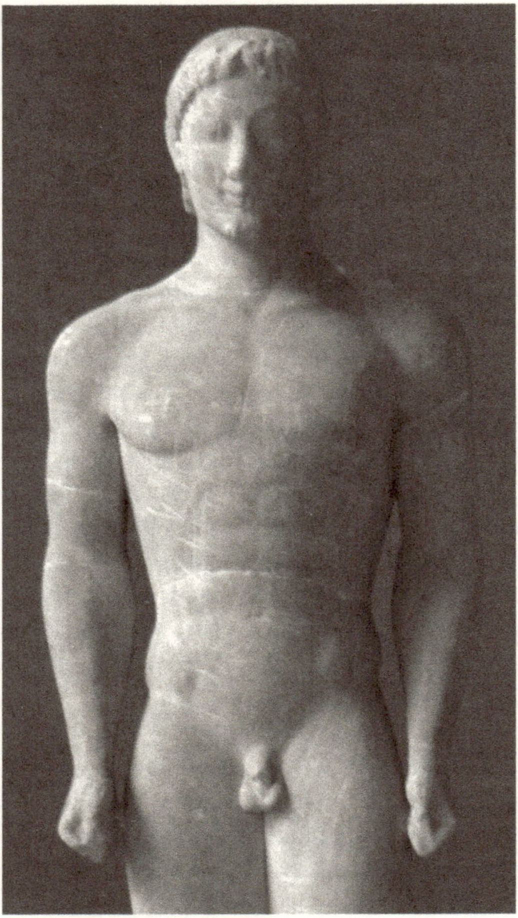

Kuros aus der Glyptothek München

isch-asiatisch mit der im Grunde willkürlichen Grenze am Bosporus, der bis heute politisch wirksam geblieben ist.

Zweitens haben griechische Denker den Gegensatz zu den Barbaren programmatisch weiter verschärft. Die Griechen standen für Freiheit, Ordnung und Maßhalten, die Perser und andere Barbaren für Herrschaft, Unordnung und Maßlosigkeit. Außerdem galten Barbaren ihnen einerseits als wild und brutal, andererseits als weichlich und üppig. Bei dem großen Philosophen Aristoteles wurde daraus die Lehre, es gebe Barbaren, die wegen ihrer Minderwertigkeit von Natur aus Sklaven seien. Angesichts der Autorität, die Aristoteles seit dem 13. Jahrhundert im christlichen Europa genoss, ließ sich daraus im 16. Jahrhundert eine Rechtfertigung der damals aktuellen Neuversklavung von Indianern und Afrikanern drechseln.

Es handelte sich aber noch nicht um Rassismus im modernen Sinne. Schon im 5. Jahrhundert v. Chr. erhoben sich Gegenstimmen. Gab es nicht Griechen, die sich barbarisch aufführten, zum Beispiel manche Stadttyrannen? Gab es nicht edle Barbaren? Waren Griechen und Barbaren nicht durch Gastfreundschaft und Geschäfte verbunden? Vor allem im Zeichen der Ausbreitung der griechischen Kultur im sogenannten „Hellenismus“, zuerst durch die Eroberungen Alexanders des Großen seit 334 v. Chr. und die Reiche seiner Nachfolger, daran anschließend im Römischen Reich wurde der Gegensatz ethisch und kulturell gedeutet als einer zwischen sittlich und intellektuell gebildeten Kulturmenschen einerseits, rohen und ungebildeten Leuten andererseits. Die Letzteren hatten aber jederzeit Zugang zur Kulturwelt. Theoretisch handelte es sich um ein universales, auf die gesamte Menschheit bezogenes Programm, faktisch lief sittliche und intellektuelle Bildung aber nach wie vor auf griechische Sprache und Kultur hinaus – das sollte noch im 19. Jahrhundert das Programm des humanistischen Gymnasiums werden. Zugleich handelt es sich um das Muster des abendländischen Universalismus, der bis heute die Weltgeltung seiner kulturellen Errungenschaften vertritt – historisch gesehen, möglicherweise wie im Falle der Griechen sogar zu Recht. Aber die Abendländer sind längst nicht mehr Herren ihrer Kultur. Ihr

Universalismus hat sich gegen sie gekehrt. Sie wurden durch die Aneignung dieser Kultur von anderen „enteignet" wie einst die Griechen von den Römern, dann die Letzteren von den Briten, Galliern und anderen.

Allerdings war für die kollektive Zuordnung der Griechen nicht ihr kulturelles und religiöses Gemeinschaftsbewusstsein ausschlaggebend, das sie ja keineswegs an Kriegen untereinander hinderte. Maßgebend war vielmehr die Zugehörigkeit zu einer „Polis", grob vereinfacht einem Stadtstaat, aus dem nicht nur den Begriffen nach die „Politik" und als Variante davon die „Demokratie", die Volksherrschaft, hervorgegangen sind.

Selbstverständlich hat die Ungleichheit der Menschen von Anfang an Machtverhältnisse hervorgebracht, die organisiert werden mussten. Horden hatten Häuptlinge, zunächst ohne stabile Stellung und feste Befugnisse. Bereits bei größeren Verbänden von Jägern und Sammlern, erst recht bei nomadisierenden Viehzüchtern und vor allem bei sesshaften Ackerbauern, die sich seit ca. 10 000 v. Chr. über die Erde verbreiteten, wurde daraus häufig stabile Häuptlingsherrschaft. Schließlich entstanden Reiche mit Königen, definiert als Großverbände mit nicht mehr rein persönlicher, sondern teilweise institutionalisierter Herrschaft. Voraussetzung war das Erwirtschaften eines Überschusses und der Zugriff darauf durch den Herrscher. Dabei konnte es sich um Stadtstaaten handeln wie bei den Sumerern und Phönikern oder um umfangreichere Gebilde wie Ägypten oder das persische Reich. Auch hier gehören die Griechen in den Zusammenhang der allgemeinen Entwicklung. Sie haben aber in ihren Stadtstaaten außergewöhnliche Dinge zustande gebracht, insbesondere in Athen – abermals mit erheblichen weltgeschichtlichen Folgen.

Frühe Griechen hatten in der Mitte des 2. Jahrtausends v. Chr. unter kretischem Einfluss die glanzvolle mykenische

Kultur mit verschiedenen Königreichen geschaffen. Neue griechische Einwanderung führte zu deren Zerstörung und einem Rückfall in sehr viel einfachere Verhältnisse, über die wir vor allem durch die homerischen Epen „Ilias" und „Odyssee" aus dem 8. Jahrhundert v. Chr. Bescheid wissen. Es handelte sich um eine kriegerische Adelsgesellschaft unter verschiedenen Kleinkönigen. Um dieselbe Zeit fand infolge Bevölkerungsvermehrung eine Siedlungskonzentration von teilweise städtischem Charakter statt. Zugleich begannen die Griechen zur See über das Mittelmeer auszuschwärmen und anderswo Siedlungen ähnlicher Art zu gründen – Kolonisation als Entlastung von Bevölkerungsdruck. Städte wie Messina und Syrakus, Marseille und Nizza gehen darauf zurück.

Die homerische Monarchie verschwand zugunsten gemeinsamer Herrschaft der Aristokratie, die allerdings mit inneren Konflikten und Rechtsunsicherheit verbunden war, nicht zuletzt infolge weiterer Zunahme der Bevölkerung und der wirtschaftlichen Unterschiede. In den Kriegen wurden diejenigen Bauern und Bürger immer wichtiger, die auf eigene Kosten gewappnet als „Hopliten" (von *hoplon* gleich „Rüstung") in der „Phalanx", der geschlossenen Schlachtreihe, „Fuß an Fuß und Schild an Schild" kämpften und inzwischen militärisch den Ausschlag gaben. Sie ließen sich auch politisch nicht mehr ignorieren. Zunächst versuchte man die Probleme mit einer geschriebenen Verfassung zu regeln – bereits eine weltgeschichtliche Neuerung. Oft genug übernahm auch einer der Adeligen als sogenannter Tyrann die Alleinherrschaft, was auf „tyrannische" Willkür hinauslaufen konnte, aber nicht musste. Vielmehr hat erst die politische Diffamierung derartiger Alleinherrschaft durch die Griechen im abendländischen Sprachgebrauch das Negativklischee des Tyrannen hinterlassen.

Häufig setzte sich nämlich stattdessen die Volksherrschaft oder Demokratie durch, in der außergewöhnlich umfangreichen Polis Athen, die ganz Attika umfasste, mit den Reformen des Aristokraten Kleisthenes im Jahr 507 v. Chr. Ausschlaggebendes Organ war die Volksversammlung aller 20–30 000 gleichberechtigten Vollbürger, die 40-mal im Jahr mit einer Teilnehmerzahl von ca. 6000 tagte. Tagegelder ermöglichten die Teilnahme bzw. die Ausübung der zahlreichen durch Wahl oder Los besetzten Ämter einschließlich Volksgerichte und gesetzgebende Gremien. Trotz zahlreicher Sklaven verhielt es sich ja nicht so, dass die Athener nicht gearbeitet und dank Sklavenarbeit Politik als Freizeitbeschäftigung betrieben hätten. Die Ersetzung religiös oder erblich legitimierter Herrschaft durch befristete Ämter, deren Inhaber ihren Mitbürgern Rechenschaft schuldig waren, das hieß Herrschaft der Gesetze statt der Herrschaft von Menschen und war die zweite revolutionäre Neuerung in der Polis; dass dabei für den Einzelnen ein ständiger Wechsel von Herrschen und Beherrschtwerden stattfand, die dritte.

Die vierte bestand in der sorgfältig ausbalancierten Gleichheit aller Bürger. Auch die ärmeren, die nicht als Hopliten kämpfen konnten, dienten Athen in der Kriegsflotte. Athen und Attikas 139 Dörfer (*Demen*) wurden als drei Einheiten Stadt, Küste und Binnenland behandelt und jede davon in zehn Teile zerlegt, die mit denen der anderen Einheiten zu insgesamt zehn *Phylen* verbunden wurden – eine Durchmischung der Bevölkerung, die Gleichheit garantieren und Gefolgschaftsbildung verhindern sollte. Ein Rat mit 500 Mitgliedern setzte sich aus je 50 Vertretern der Phylen zusammen, die jeweils ein Zehntel des Jahres die Geschäfte führten. Der Rat bestimmte die Tagesordnung der Volksversammlung, dort konnten allerdings Zusatzanträge gestellt werden. Denn jeder Bürger hatte Rede- und Antragsrecht (*Isegoria*). Ebenso ging die Gesetzesinitiative auch nach Errichtung eines gesetzgebenden Gremiums vom Volk aus. Insgesamt galt aber die Trennung von Initiative und Entscheidung – eine fünfte revolutionäre Neuerung!

Die sechste war eine ganz neue, ideale Vorstellung von den Machtprozessen, eben die Erfindung von „Politik" als Ordnung der Polis. Sie beruhte auf der Gleichheit vor dem Gesetz, von der das System seinen Namen *Isonomia* hatte, auf der gemeinsamen rationalen Vorberatung der Geschäfte und auf der Rollenverteilung nach Verdiensten um das Gemeinwohl, nicht nach sozialem Status. Denn das Ideal des Gemeinwohls war es, das Athener zur Selbstkontrolle und zum Maßhalten, etwa hinsichtlich persönlicher Rachsucht anhielt.

Freilich nicht sehr erfolgreich. Bereits Ende des 5. Jahrhunderts v. Chr. geriet Athen, das 399 v. Chr. den Philosophen Sokrates hinrichtete, unter Pöbelherrschaft, die damals als „Demokratie" bezeichnet wurde. Gegen sie schrieb Platon nach 385 v. Chr. seine aristokratische Utopie *Politeia.* Athen wurde und wird vor allem wegen seiner philosophischen und künstlerischen Errungenschaften bewundert; die Zahl der Verehrer seiner als chaotisch geltenden Demokratie hält sich in Grenzen. Wir sollten auch nicht übersehen, wie rücksichtslos diese Musterdemokratie mit ihren Partnern im Attisch-Delischen Seebund umsprang, und mit den Bewohnern der Insel Melos, die sich nicht fügen wollten. *Ihr wisst so gut wie wir, dass das Recht nur unter Gleichstarken den Ausschlag gibt, sonst aber der Stärkere durchsetzt, was er kann,* erklärten ihnen die Vertreter Athens. Nachdem die Melier sich ergeben hatten, wurden alle Männer getötet, die Frauen und Kinder als Sklaven verkauft.

4. Kapitel

# Die Römer, ihr Reich und ihr Recht

Was Politik angeht, haben die Römer eine bessere Presse. Die Griechen hatten zwar die Politik erfunden und in Athen ein differenziertes und rationales Modell demokratischer Herrschaft entwickelt. Aber sie haben damit keinen Erfolg gehabt. Ihre bleibenden Erfolge waren intellektueller und künstlerischer Natur. Die Römer hingegen hatten dauerhaften politischen Erfolg. Bereits die Zeitgenossen waren sich dieses Sachverhalts bewusst. Sie brachten das mit der Lehre vom Kreislauf der sechs Verfassungstypen auf den Begriff. Alles beginnt mit der Monarchie. Diese verkommt zur Tyrannis. Daraufhin rebelliert die Elite und errichtet eine Aristokratie, die aber zur Oligarchie oder Cliquenherrschaft degeneriert. Nun empört sich das Volk und schafft eine Demokratie, die aber zur Ochlokratie oder Gesindelherrschaft absinkt. Die besseren Vertreter des Gemeinwesens suchen sich daraufhin einen Monarchen, woraufhin alles von Neuem beginnt.

Das Ganze mutet an wie eine Zusammenfassung der griechischen Geschichte. Den Römern hingegen wurde nachgesagt, ihre politische Ordnung sei stabil geblieben, weil ihre Verfassung Monarchie, Aristokratie und Demokratie mit Konsuln, Senat und Volksversammlung zu einem gleichgewichtigen System verbunden habe. Demgemäß galt eine derartige Mischverfassung bis weit in die europäische Neuzeit hinein als politisches Ideal. Das frühneuzeitliche *Regimen regale et politicum* aus König, Rat und Ständevertretung könnte geradezu als Vorläufer der modernen Gewaltenteilung gelten. Darin kommt eine allgemeine Sehnsucht nach politischer Stabilität zum Ausdruck, die aber historisch in die Irre führt. Denn die römischen Verhältnisse waren alles andere als stabil. Vielmehr bestand Roms Erfolgsgeheimnis gerade im eleganten oder auch brutalen Einschmelzen erforderlicher Neuerungen in das politische System.

Die Anfänge unterscheiden sich wenig von Griechenland. In einem Gemeinwesen mit mehreren Siedlungskernen beseitigt die Aristokratie der Patrizier das Königtum zugunsten ihrer eigenen Herrschaft. Allerdings dramatischer, denn die Monarchie war hier eine Fremdherrschaft der benachbarten Etrusker. Demgemäß war das neue Gemeinwesen von Anfang an von immer neuen feindlichen Nachbarn bedroht und musste zu seiner Verteidigung einen Krieg nach dem anderen gegen immer neue Feinde führen, bis es schließlich die ganze Mittelmeerwelt erobert hatte. Was in den Anfängen zutraf, entartete später zur Rechtfertigungsideologie des römischen Imperialismus. Aber die sorgfältige Beachtung der sakralrechtlich makellosen Kriegserklärung und die verhältnismäßig hohe Vertragstreue der Römer erleichterten ihnen das Selbstverständnis, sie hätten stets vor den Göttern gerechte Kriege geführt – die bereits erwähnte spätere abendländische Lehre vom gerechten Krieg hat hier ihre Ursprünge.

Die ständigen Kriege führten wie in Griechenland zur politischen Aufwertung der bäuerlichen Plebejer, die als schwerbewaffnete Infanteristen den Kern des Heeres ausmachten. Die Plebs schuf sich zunächst ihre eigene Oppositionsorganisation und erreichte dann die Integration ihrer Oberschicht in den bis dahin rein patrizischen Senat. Anstelle des Prätors als einzigem Oberbeamten traten zwei gleichberechtigte Konsuln aus den beiden Teilen des Volkes. Aber dieser Gegensatz verschwand bald. Es blieb jedoch bei den zehn Volkstribunen, die ursprünglich das Volk gegen Übergriffe der Magistrate schützen sollten. Sie wurden daher mit religiös und rechtlich abgesicherter Unverletzlichkeit ausgestattet. Mit der Expansion wurde die Zahl der durchweg ehrenamtlichen Amtsträger vermehrt; es gab schließlich zehn Prätoren und eine noch größere Zahl weiterer Ämter. Sie wurden fast alle für ein Jahr gewählt. Wiederwahl war ausgeschlossen oder eingeschränkt, denn eigentlich sollte der Angehörige der politischen Elite mit zunehmendem Alter in immer höhere Ämter gewählt werden, einem festen *Cursus Honorum* folgend. Höhere Amtsträger konnten Entscheidungen der niederen aufheben; Kollegen ihr Veto gegen solche ihres Amtsgenossen einlegen. Den Prätoren wurde die Justiz und später die Provinzverwaltung übertragen. Sie hatten außerdem als einzige neben den Konsuln die militärische Kommandogewalt, das *Imperium*. In Notlagen konnte ein Konsul im Einvernehmen mit dem Senat für sechs Monate einen *Dictator* mit unbeschränktem *Imperium* bestellen.

Die Inhaber des *Imperiums* wurden sonst von der ursprünglich als Heeresversammlung, dann nach Vermögen organisierten Volksversammlung gewählt, die auch über Krieg und Frieden entschied (*Comitia centuriata*). Die Wahl der übrigen Magistrate und der Beschluss über die meisten Gesetze lag bei der geographisch in 35 Bezirke (*Tribus*) gegliederten, stärker egalitären Variante der Volksversammlung (*Comitia tributa*). Die Versammlung der Plebs war ähnlich organisiert. Aber das Volk stimmte stets nur mit Ja oder Nein ab; eine Diskussion fand nicht statt, und wenn doch, dann wurde sie von Angehörigen der Oberschicht bestritten. Nur diese hatten als Magistrate das Recht, Volksversammlungen einzuberufen sowie Anträge, Gesetze und Wahlvorschläge einzubringen.

Außerdem wurde das römische Bürgerrecht von der Umgebung der Stadt (*Ager romanus*) auf ausgewählte politische Partner und auswärtige Ansiedlungen römischer Bürger (*Co-*

*loniae*) ausgedehnt, bis sich die Bundesgenossen Roms 89 v. Chr. angesichts der Lasten der Kriege, die sie mitgetragen hatten, sämtlich das Bürgerrecht für ganz Italien ertrotzten. An den Volksversammlungen konnte nur noch eine Minderheit teilnehmen. Diese war mit Anhängern führender Politiker durchsetzt und ließ sich bestechen und manipulieren. Außerdem bedeutete öffentliche Beschlussfassung über eine Angelegenheit anders als in Athen hier keineswegs, dass die Öffentlichkeit Einfluss auf deren Inhalt gehabt hätte. Die Analogie zu modernen parlamentarischen Ritualen ist nicht zu übersehen.

Bereits 225 v. Chr. konnte diese römische Wehrgenossenschaft aus Bürgern abgestuften Rechts und Bundesgenossen 70 000 Reiter und 700 000 Fußsoldaten aufbieten. Diese einzigartigen Reserven des römischen Systems, denen niemand gewachsen war, sind das Geheimnis des erfolgreichen römischen Durchhaltens nach katastrophalen Niederlagen, etwa als Hannibal, der siegreiche und militärisch überlegene Feldherr Karthagos 211 v. Chr. vor Rom stand.

Das zentrale Organ der Republik (*Res publica,* eigentlich „Gemeinwesen") war aber weder die Volksversammlung noch die Magistratur, sondern der Senat, der im Lauf der Zeit von 300 auf 900 Mitglieder erweitert wurde. Ihm gehörten die amtierenden und die ehemaligen Magistrate an. Faktisch stellte er die Versammlung der maßgebenden Personen aus den führenden Familien dar, die allerdings den ererbten Status durch eigene Leistung neu erwerben mussten. Obwohl auch seine Beschlüsse (*Senatus consulta*) nur auf Befragen durch Amtsträger zustande kamen und formal nur empfehlenden Charakter hatten, hatten sie bis zum Ende der Republik selbstverständliche bindende Kraft für alle, die im römischen politischen System agieren wollten. Die großen Vollmachten der Magistrate wurden damit eingebunden. Er war durchaus für soziale und politische Aufsteiger (*Homines novi*) offen, blieb aber doch eine geschlossene gesellschaftliche Gruppe. Rom war weder eine Demokratie wie Athen und hatte auch keine echte Mischverfassung, sondern war und blieb eine Aristokratie oder Oligarchie. Allerdings war die Verfassung Gewohnheitssache; nur Details wurden immer wieder durch Gesetz geregelt – eine elegante Art von Verfassungswandel.

Eine dreifache soziale Grundlage machte dieses System möglich. Erstens war Rom keine egalitäre Gesellschaft wie das klassische Athen, sondern eine hierarchisch geschichtete. Zweitens gab es Familienverbände von hoher Geschlossenheit unter der fast unbeschränkten Gewalt des Hausvaters. Drittens war die ganze Gesellschaft vom Klientelsystem durchdrungen, einem Verhältnis gegenseitiger Verpflichtung zu Leistung und Gegenleistung zwischen einem Patron aus dem Senatorenstand und Klienten aus dem Volk, etwa Schutz vor Gericht gegen Unterstützung bei der Wahl. Sogar ganze Städte oder Länder konnten Klienten eines Mächtigen werden. Traditionell war diese Bindung erblich, aber bei „Versagen" konnte der Patron durchaus gewechselt werden.

Kriege und Eroberungen ließen dieses System aber nicht unverändert. Die dauernde Abwesenheit der Bauern-Soldaten von ihren Höfen führte zu ihrer Ersetzung durch lang dienende Berufssoldaten, die zum Schluss mit Land versorgt werden mussten. Unausweichlich wurden sie zur Klientel erfolgreicher Feldherren für deren in Bürgerkriege mündende Rivalität. Denn im Senatorenstand hatten Kriegsgewinne im weiteren Sinn zu ungeheurer Konzentration wirtschaftlicher und politischer Macht geführt, obwohl den Senatoren Geldgeschäfte verboten waren; sie waren den sogenannten „Rittern" vorbehalten. Der Kampf um die Macht lohnte sich dennoch. Dabei setzten die einen, die *Optimaten,* auf den Senat, die anderen, die *Popularen,* stärker auf das Volk. Zugleich ging damit ein Kulturwandel einher. Rom hatte inzwischen Griechenland unterworfen und wurde jetzt seinerseits von der griechischen Kultur „erobert". Marcus Tullius Cicero, ein politischer Aufsteiger, dessen Schriften und Briefe weitgehend erhalten blieben, steht für die Synthese von griechischer Philosophie und römischer Politik.

Von 133–31 v. Chr. währten diese Auseinandersetzungen, wobei die Sieger immer wieder versuchten, das System neu zu ordnen und zu stabilisieren, unter anderem, indem sie ihre Gegner zu Hunderten oder Tausenden abschlachten ließen – auch Cicero musste daran glauben. Der größte dieser Gewaltmenschen war Gaius Julius Cäsar. Er hatte sich durch die Eroberung Galliens die nötige Macht und militärische Klientel verschafft. Sein propagandagesättigter Bericht darüber, *De bello Gallico*, dient immer noch als Anfängerlektüre im Lateinunterricht. Als Diktator auf Lebenszeit traf er eine Fülle überfälliger Maßnahmen, unter anderem die Reform des Kalenders, fand aber keinen Weg, die notwendige Alleinherrschaft über das Reich mit der traditionellen Senatsherrschaft zu versöhnen. Der Senat ließ sich noch nicht ignorieren. 44 v. Chr. wurde der „Tyrann" ermordet.

Im neuen Bürgerkrieg blieb Cäsars Großneffe und Adoptivsohn Gaius (Julius Cäsar) Octavianus (Augustus) Sieger. Auch Kleopatra VII. fiel ihm zum Opfer, weil sie sich nicht nur mit Cäsar, sondern auch mit Octavians Rivalen Marcus Antonius eingelassen hatte. 27 v. Chr. gab der Erhabene (*Augustus*) dem Senat seine Sondervollmachten zurück und erklärte die Republik für wiederhergestellt (*Res publica restituta*). Er wurde aber „gebeten", dem Gemeinwesen weiter zur Verfügung zu stehen. Das wurde ermöglicht erstens durch das *Imperium proconsulare maius*, das heißt den Oberbefehl über das Heer und die Verwaltung derjenigen Provinzen, in denen Truppen standen, zweitens durch die *Tribunicia potestas*, die Amtsgewalt eines Volkstribunen, aber wie das *Imperium* von der Bekleidung des Amtes abgelöst – eine interessante juristische Konstruktion –, drittens durch seine informelle Macht als nunmehr einziger *Princeps*, ohne den im Senat nichts mehr lief. *Princeps* war früher der Ehrentitel von mehreren Ton angebenden „Großkopfeten" im Senat gewesen.

In den nächsten 300 Jahren entwickelte sich die gelinde verschleierte Monarchie des Augusteischen *Principats* allmählich zum offenen *Dominat*, der unumschränkten Herrschaft des Kaisers als *Dominus et Deus*. Sie stützte sich jetzt auf einen umfangreichen Verwaltungsapparat professioneller Bürokraten. Die Weiterbildung des Rechts lag nicht mehr bei den Prätoren wie früher, sondern bei professionellen Juristen. Ab 212 waren alle Bewohner des Reichs römische Bürger, eine als Privilegierung getarnte Nivellierung. Ein Problem war stets die Nachfolge, denn Dynastien pflegten nach wenigen Generationen mit umstrittenen Gestalten wie Nero, Caligula, Domitian und deren Ermordung zu enden. 96–180 regierten Kaiser, die mangels Söhnen sorgfältig ausgewählte Nachfolger adoptierten, inzwischen auch aus den Provinzen – das dürfte die Blütezeit des Reiches gewesen sein.

Zuerst nur bei Dynastiewechsel, später regelmäßig gab jetzt das Heer den Ausschlag über die Nachfolge oder verschiedene Armeen versuchten in Bürgerkriegen ihre Kandidaten durchzubringen. So kam auch Konstantin der Große (306/24–331) an die Macht, der sich zusätzlich auf die neue Religion des Christentums stützte. Nach verschiedenen Verfolgungen wurde das Christentum 311 offiziell zugelassen, 391 ausschließliche Staatsreligion.

Seit dem 2. Jahrhundert stand das Reich unter dem Druck der Germanen. Das Heer germanisierte sich und vor allem im Westen konnten sich wandernde Völker auf Reichsboden niederlassen. 476 ging das Kaisertum im Westen daran zu Grunde. In Konstantins neuer Hauptstadt Konstantinopel hingegen gab es bis zur osmanischen Eroberung 1453 einen römischen Kaiser. Justinian (527–565) gelang es sogar, vorübergehend westliche Teile des Reiches zurückzuerobern. Von dauerhafter Wirkung war demgegenüber die riesige Sammlung des römischen Kaiser- und Juristenrechts, in der Neuzeit *Corpus Iuris Civilis* genannt, die er veranstaltete.

Natürlich hat es schon vor dem *Imperium Romanum* andere Reiche gegeben, aber außer dem chinesischen kein so langlebiges und keines mit so lehrreichen Machtprozessen. Vor allem aber hat Rom die Grundlagen der europäischen Kultur gelegt, nicht zuletzt auch der politischen und der juristischen. Gallien, Spanien, Teile Britanniens und Germaniens wurden kulturell und sprachlich dauerhaft romanisiert, das heißt nicht zuletzt, in die mediterrane Stadtkultur integriert, die das Reich lange getragen hat. Das Reich lieferte Europa politische Institutionen und Symbole, angefangen mit dem Kaisertum selbst, das in Wien bis 1806 oder sogar bis 1918, in St. Petersburg bis 1917 existierte, dazwischen vorübergehend auch in Berlin und in Paris. Denn wie schon die Französische Revolution griff auch Napoleon I. auf antike Symbole zurück. Die politisch-kulturelle Romidee dürfte in Europa noch heute lebendig sein, freilich eher in kirchlicher Gestalt.

Denn das Imperium hat das Christentum nicht nur übernommen und weitergegeben, sondern die Römische Kirche als Rechtskirche geprägt, in der Bestandteile der politischen Kultur Roms bis heute weiterleben. Die Kirche war den werdenden Staaten Europas bei der Übernahme wichtiger politischer Errungenschaften Roms voraus und diente ihnen ihrerseits als Vorbild, unter anderem für das Territorialprinzip, das Ämterrecht und die unumschränkte Monarchie. Der Einfluss der römischen Rechtskirche sollte dann seit dem 12. Jahrhundert mit der Übernahme des Römischen Rechts konvergieren, diesem Erbe des Imperiums, das Recht und

Justiz europaweit revolutioniert, zur Entstehung des Juristenstandes als der politischen Klasse schlechthin und schließlich zum staatlichen Rechtsmonopol geführt hat. Ebenfalls durch Vermittlung der Kirche sind Latein und Griechisch als Sprachen des Imperiums sowie die gesammelten Schätze der griechischen und lateinischen Philosophie und Literatur erhalten geblieben.

5. Kapitel

# Die Erfindung der Germanen

*Sind Sie ein Germane?* Für 299,- Euro beantwortete ein Schweizer Institut diese Frage mittels DNA-Test. Doch was bedeutet eine positive Antwort auf die Frage? Nicht mehr, als dass die betreffende Person genetisch einer bestimmten Gruppe vorgeschichtlicher Leichen nahesteht, deren Reste in Mitteleuropa gefunden wurden. Die Römer Gaius Julius Cäsar 52 v. Chr. und Publius Cornelius Tacitus 98 n. Chr. hatten für diese Leute die Sammelbezeichnung „Germanen" benutzt, die sonst nicht häufig gebraucht wurde. Heute heißt es im wichtigsten Lehrbuch: *Ein Volk, das sich Germanen nannte, hat es vielleicht nie gegeben.* Jedenfalls haben die betreffenden Leute sich selbst nicht als Germanen betrachtet und wahrscheinlich überhaupt kein Bewusstsein von Zusammengehörigkeit gehabt. Wir wissen nicht einmal, ob sie eine gemeinsame Sprache gebrauchten. Und die Funde der Archäologen gestatten auch keine eindeutige kulturelle Abgrenzung von anderen Gruppen.

Vor 1945 hingegen wusste man in Deutschland so oder so genauestens Bescheid über die Germanen. Beim Philosophen Friedrich Nietzsche stößt man nicht nur auf Sympathie für die unbefangene Brutalität der naiven, aber lebenstüchtigen *blonden Bestie,* sondern auch auf seine *Definition des Germanen: Gehorsam und lange Beine.* Sie gehört zu seiner bissigen und sicherlich ungerechten Auseinandersetzung mit dem Komponisten Richard Wagner, der mit seinem 1876 in Bayreuth uraufgeführten riesigen Opernzyklus „Der Ring des Nibelungen" eine überaus populäre germanische Mythologie in die Welt gesetzt hat, mit Wotan und Freia, Siegfried und

Brünnhilde, Gunther und Gutrune, Sieglinde und Waltraute, und was der in Deutschland üblichen „germanischen" Vornamen mehr sind. Originalton Nietzsche:

*Weder Geschmack noch Stimme noch Begabung: die Bühne Wagner's hat nur Eins nöthig – Germanen! ... Definition des Germanen: Gehorsam und lange Beine ... Es ist voll tiefer Bedeutung, dass die Heraufkunft Wagner's zeitlich mit der Heraufkunft des* [1871 gegründeten] *„Reichs" zusammenfällt: beide Thatsachen beweisen Ein und Dasselbe: Gehorsam und lange Beine. – Nie ist besser gehorcht, nie besser befohlen worden.*

In der Tat, der Bayreuther Germanenkult nahm bald eine Wende ins Kriegerische und ins Rassistische, um schließlich 1945 in einer deutschen „Götterdämmerung" zu enden. Gemäß der angeblichen Germanentugend unbedingter Treue, die im Wahlspruch der SS *Meine Ehre heißt Treue* ihren berühmtesten Ausdruck gefunden hatte, folgte das deutsche Volk seinem Führer mit „Nibelungentreue" in den Untergang. Dass seine „germanischen" Vorbilder vollkommen fiktiv gewesen waren, spielte jetzt keine Rolle mehr.

Die Fiktionen beginnen mit Cäsar, der im Zuge seiner Rechtfertigungsstrategie für die angeblich notgedrungene Eroberung Galliens die Unterscheidung zwischen Galliern oder Kelten und Germanen mit dem Rhein als Grenze einführte. Er hat auch die wandernden Horden der Kimbern und Teutonen, mit denen sich die Römer 113–101 v. Chr. herumgeschlagen hatten, nachträglich als Germanen bezeichnet; bisher hatten sie als Kelten gegolten. Denn die Standardbeschreibung sah für alle nördlichen Barbaren gleich aus: blond oder rothaarig, blauäugig, hochgewachsen, gewalttätige Säufer, schrecklich anzuschauen und kriegerisch bis zur Raserei, aber nicht zum Durchhalten fähig. Die Unterscheidung Cäsars beschränkte sich darauf, den Germanen im Vergleich mit den Kelten einen geringeren Grad wirtschaftlicher und kultureller Entwicklung zuzuschreiben, was von Bodenfunden bestätigt wird. Allerdings sind diese oft alles andere als eindeutig. Wenn sich zum Beispiel in den Mägen von Moorleichen ein Gemisch von Getreide- und Unkrautkörnern findet, könnte das bedeuten, dass diese sogenannten Germanen ihre Felder nicht von Unkraut frei zu halten wussten oder dass sie aus Nahrungsmangel dem Getreide Wildsamen beigemischt haben, oder dass die im Moor versenkten Menschen vor ihrer Hinrichtung oder Opferung einen Brei mit bitteren Unkrautsamen essen mussten.

Unter Augustus wurde versucht, das „germanische" Gebiet bis zur Elbe wie vorher Gallien zu durchdringen und zu unterwerfen. Seine Bevölkerung zerfiel in zahlreiche Gruppen, eher Stämme als Völker, in denen rivalisierende Häuptlinge mit ihren kriegerischen Gefolgschaften den Ton angaben. Die Beziehungen zu Rom waren ein Faktor in diesem Kräftespiel, sodass die Römer mit wechselnden Konstellationen von Anhängern und Gegnern rechnen mussten. Ein römisch gebildeter Häuptling namens Arminius organisierte eine Falle für den Kommandeur Publius Quintilius Varus; 9 n. Chr. wurden dessen drei Legionen vollständig aufgerieben, angeblich im Teutoburger Wald. Arminius, der nach einer Art Königtum strebte, damit scheiterte und von eifersüchtigen Verwandten in nicht untypischer Weise beseitigt wurde, erhielt von Tacitus den Titel *Befreier Germaniens* (*Liberator Germaniae*). Nicht ganz zu Recht, denn die römischen Feldzüge wurden fortgesetzt, bis ein nüchternes Kosten-Nutzen-Kalkül zu dem Schluss führte, dass sich die Mühe nicht lohnte.

Nichtsdestoweniger avancierte Arminius, wovon sich als Namen nicht nur *Armin*, sondern auch *Hermann* ableiten, zum Vorkämpfer der deutschen Einheit, zum ersten deutschen Nationalhelden, ohne den Deutschland angeblich ein romanisches Land wäre – wie schrecklich! Er wurde sogar zum Vorbild des späteren Sagenhelden Siegfried gemacht, weil in seiner Familie Namen mit der Silbe *segi* verbreitet waren. Auf dem 1841–1875 errichteten Hermannsdenkmal bei Detmold reckt er noch heute sein Schwert gegen die „Welschen" im Allgemeinen und gegen die 1813 und 1871 besiegten Franzosen im Besonderen. Ein hauchdünner entfernter Sachzusammenhang mit der späteren deutschen Geschichte wurde rein fiktiv zu einem imposanten nationalen Mythos aufgebläht!

Nationalsozialistische Postkarte zum Hermannsdenkmal

Die 98 n. Chr. verfasste „Germania" des Tacitus gehört in den Zusammenhang der damaligen Stabilisierung der Rhein-Donau-Grenze. Dabei wurde der spitze Winkel zwischen den beiden Flüssen durch ein Befestigungssystem von Neuwied bis Regensburg verkürzt, den germanisch-rhätischen *Limes*. Dieses rechtsrheinische Gebiet hieß *Agri decumates*. Es war von Zuwanderern keltischer Herkunft bewohnt. Tacitus' „Germania" enthält im ersten Teil eine Ethnographie der „Germanen", während der zweite eine beängstigende Fülle angeblich germanischer Völker vorstellt, bis tief in den kaum bekannten Norden und Osten. Sein Germanenbild stellt eine Mischung aus seriöser Information und Barbarenklischees dar, wobei die reinblütigen, genügsamen und sittenstrengen Germanen möglicherweise den Römern im Hinblick auf den unterstellten Zusammenhang von altväterischer Anspruchslosigkeit und militärischer Tüchtigkeit als Vorbild dienen sollten.

In der Tat, militärische Tüchtigkeit sollte sich als Schlüsselvariable in den Beziehungen zwischen dem Imperium Romanum und den Barbaren jenseits seiner Nordgrenze erweisen, wie sie sich vom Ausklang der ruhigen Blütezeit gegen 200 bis zum Ende des Reichs im Westen entwickelten. Denn die Geschichte des Reiches bestand von nun an für drei Jahrhunderte überwiegend aus Bürgerkriegen zwischen Möchte-gern-Kaisern und ihren Armeen, die dann und wann von stabilen Jahrzehnten unterbrochen wurden, etwa der Herrschaft Konstantins des Großen. Das spielte sich unter zusätzlichen ungünstigen Rahmenbedingen ab: ständige Bedrohung durch das neupersische Reich im Osten, Bevölkerungsverluste durch Seuchen, Wirtschaftskrisen sowie eine ausgesaugte und durch Berufssoldaten militärisch entmündigte Bevölkerung.

Was lag näher, als sich der kriegstüchtigen Barbaren jenseits der Grenzen zu bedienen. Sie wurden zunächst individuell für das Heer rekrutiert, dann trafen Kaiser und Prätendenten Arrangements mit kriegerischen Häuptlingen und übernahmen ganze Gruppen, nach einiger Zeit wurden solche Gruppen mit Frauen und Kindern auf Reichsboden angesiedelt, schließlich waren sie stark genug, um Landvergabe zu erzwingen oder Teile des Reiches einfach zu erobern. Dabei konnten sie bisweilen auf die ausgebeuteten Untertanen des Imperiums zählen, die bei den Barbaren Menschlichkeit suchten, weil sie die römische Unmenschlichkeit nicht mehr ertragen konnten, wie ein Kirchenvater des 5. Jahrhunderts schrieb. Gegen Ende waren aber auch die höchsten militärischen Würdenträger des Reichs, ja die Kaiser selbst romanisierte „Barbaren". Auf der anderen Seite unterlagen die Völker jenseits der Grenzen mehr denn je dem kulturellen Einfluss Roms. Römische Geschenke und Zahlungen trugen ebenso zu ihrem Wohlstand bei wie das Beutemachen auf Kosten des Imperiums, das immer attraktiver wurde.

Der traditionelle Begriff „Völkerwanderung" für diese Vorgänge führt freilich in die Irre. Er entstammt einer Zeit, in der Geschichte nur als Geschichte von Völkern und Nationen gedacht werden konnte. Demgemäß stellte man sich Goten, Vandalen und andere wie kleine moderne Völker vor, die mit Sack und Pack unter Führung ihrer uralten Königsgeschlechter unterwegs waren. Heute hingegen wissen wir, dass Völker und Könige überhaupt erst im Zuge dieser ständigen Neudurchmischung entstanden sind. Namen wie Franken, Goten, Vandalen bezeichnen zunächst keine geschlossenen Verbände; es gibt jeweils verschiedene Gruppen des Namens, die sich ständig neu formieren. Dabei spielen beute- und machtgierige Häuptlinge mit ihrer kriegerischen Gefolgschaft die ausschlaggebende Rolle, die von den Römern bisweilen als „Könige" bezeichnet wurden. Unter heutigen instabilen politischen Verhältnissen nennt man solche Leute „Kriegsherren" (*Warlords*). Zur Rechtfertigung ihrer Stellung durch dynastische Mythen und religiöse Legenden kam es erst im Nachhinein, wenn einige von ihnen ihre Rivalen getötet und ihre Alleinherrschaft errichtet hatten wie der Ostgote Theoderich der Große (471–526) oder der Franke Chlodwig (482–511). Auch was uns schließlich als gotisches oder vandalisches Reichsvolk begegnet, hatte sich ursprünglich keineswegs ausschließlich aus einer Gruppe dieses Namens rekrutiert, sondern integriert, was gerade auf dem „Völkermarkt" angeboten wurde, darunter Hunnen und andere Gruppen, die weder Sprache noch Kultur mit den sogenannten „Germanen“ teilten.

Wir wissen inzwischen, dass Völker und Nationen keineswegs von Natur aus seit unvordenklichen Zeiten schon immer vorhanden waren, sondern heute wie damals „erfunden“ werden müssen. Gewiss, gemeinsame Sprache, gemeinsame Kultur, gemeinsame Herkunft und sogar ein bloßer gemeinsamer Name können Voraussetzungen dafür sein. Nötig sind sie nicht. Ausschlaggebend ist das Zusammengehörigkeitsgefühl, das aus einer bejahten gemeinsamen Geschichte, nicht zuletzt aus dem Zusammenleben in einem gemeinsamen politischen Verband hervorgeht. In diesem historisch konkreten Sinn hat es „die“ Germanen als Volk nie gegeben.

Kurz nach 500 hatte der Ostgotenkönig Theoderich eine Art Hegemonie über die germanischen Reiche etabliert. Die Könige der Vandalen im heutigen Tunesien, der Westgoten in Spanien, der Burgunder im Westalpenraum, der Franken im heutigen Nordfrankreich und Rheinland sowie der Thüringer waren seine Schwiegersöhne oder Schwäger. Aber dieses „germanische Westreich“ war nicht von Dauer. Nach Theoderichs Tod eroberte Ostrom 533/34 Afrika und 535–555 Italien zurück, aber nur um Italien ab 568 an die Langobarden als letzte Invasoren und dann Afrika an die Araber zu verlieren, die 711 auch dem spanischen Westgotenreich den Rest gaben.

Allein das Frankenreich behauptete sich wegen eines entscheidenden Wettbewerbsvorteils. Da die Franken nicht das arianische, sondern das römische Christentum angenommen hatten, konnten sie die provinzialrömische Elite leichter integrieren. Das war deswegen ungefährlich, weil dank ununterbrochener Verbindung zu den Herkunftsgebieten rechts des Rheins die Zahl der Franken weit höher war als diejenige der anderen „germanischen“ Reichsgründervölker. Das Ergebnis war das erste und letzte Großreich des neuen, nordalpinen Europa, das schließlich unter der neuen Dynastie der Karolinger mit Karl dem Großen (768–814) im Jahr 800 das römische Kaisertum im Westen erneuerte. Allerdings teilten die Karolinger ihr Reich wie ein Landgut. Es war eher Zufällen geschuldet, dass der östliche Reichsteil eine eigene politische Identität gewann und im Mittelalter zu „Deutschland" wurde. Dabei taucht „Germania" als geographischer Begriff auf; von einer Anknüpfung an die „Germanen" hingegen kann keine Rede sein.

Unterdessen hatten Angeln, Sachsen und Jüten seit dem 5. Jahrhundert den Süden und Osten des von den Römern aufgegebenen Britannien besetzt. Seit dem 9. Jahrhundert gerieten sie dann unter die Kontrolle der letzten „germanischen" Wanderer, der skandinavischen Wikinger, die zwischen dem 8. und 11. Jahrhundert zu Schiff Europas Küsten und Ströme mit ihren Raubzügen heimsuchten. Um 900 besiedelten sie Island und gelangten anschließend sogar nach Grönland und Nordamerika. Sie mussten ebenfalls als Kronzeugen für die Neuerfindung der Germanen herhalten.

Als die vergessene „Germania" des Tacitus Mitte des 15. Jahrhunderts wiederentdeckt wurde, haben deutsche Humanisten diese edlen Germanen unverzüglich zu den Vorfahren der Deutschen gemacht und daraus die eigene nationale Überlegenheit abgeleitet. Auch *der Goten, Vandalen und Franken Heldentaten,* die man aus antiken Texten kannte, wurden ebenso wie Arminius ausdrücklich für die deutsche Geschichte in Anspruch genommen. Im 18. Jahrhundert verschob sich das Feindbild dieser historischen Nationalideologie von Rom und seiner Kirche zum französischen Erbfeind. Die im 19. Jahrhundert aufkommende historisch-philologische kritische Wissenschaft erwies sich bei diesem Gegenstand als ausgesprochen unkritisch und verfing sich in bezeichnenden Fehlurteilen.

Als die Verwandtschaft der selbstverständlich als „germanisch" bezeichneten Sprachen und deren Abspaltung von einer indogermanischen Ursprache durch die erste Lautverschiebung entdeckt wurden (z. B. wurde p zu f, *pater* zu *Vater*), hat man aus diesem rein sprachwissenschaftlichen Sachverhalt, der bis heute weder zeitlich noch geographisch zu verorten ist, auf ein indogermanisches Urvolk und eine völkische Gemeinschaft von Germanen geschlossen, reichlich naiv, wenn man z. B. bedenkt, wie viele Afrikaner heute Englisch als Muttersprache haben. Ebenso hatte die aufblühende Archäologie nichts Besseres zu tun, als durch Bodenfunde identifizierte Kulturen kurzschlüssig bestimmten Völkern zuzuschreiben und eine kulturelle Genealogie von den Steinsetzungen und Hünengräbern der vorgeschichtlichen Megalithkultur über die nordische Bronzezeit zu den römerzeitlichen Germanen als den Vorfahren der Deutschen zu konstruieren.

Da man aber über Tacitus und spröde Bodenfunde hinaus kaum etwas über die Kultur dieser angeblichen Germanen wusste, griff man auf die Götter- und Heldenlieder der Edda und die Sagas zurück, die auf Island erst im 13. Jahrhundert entstanden sind. Von dort stammen die Mythologie Richard Wagners und die üblichen Vorstellungen von germanischem Heldentum. Der offenkundige Anachronismus kümmerte niemanden. Verwandte Sagenstoffe wurden ebenfalls im 13. Jahrhundert in Mitteleuropa im „Nibelungenlied" in literarische Form gebracht, das, nach seiner Wiederentdeckung im 18. Jahrhundert zunächst wenig geschätzt, im 19. zum deutschen Nationalepos aufrückte und wie entsprechende Dichtungen anderswo immer noch in den Schulen gelesen wird.

An diese Vorstellungen konnte der sozialdarwinistische Rassismus des 20. Jahrhunderts anknüpfen. Aus der Gruppe der edlen germanischen Völker wurde die germanische oder nordische Rasse, je nordischer, langschädeliger, blonder und blauäugiger desto besser. Der Mythos der Blutreinheit, der sich schon bei Tacitus findet, wurde zum Prinzip und zur Voraussetzung kultureller Kreativität und historischen Erfolgs erhoben, was historisch wie biologisch gleichermaßen unsinnig ist. Da aber das deutsche Volk, das es aus politischen Gründen nun einmal sein musste, wie alle Völker auch aus der Sicht dieser Lehre rassisch gemischt war, wurde ihm die weltgeschichtliche Aufgabe der Herstellung nordischer Rassereinheit zugedacht – notfalls mit Gewalt und durch Ausmerzung rassisch Minderwertiger und des neu definierten rassischen Erbfeindes, des Juden.

6. Kapitel

# Christliches Mittelalter und christliches Abendland?

*Das Mittelalter ist zurück. Aber das ist keine frohe Botschaft.* Diese Feststellung eines Mittelalterhistorikers trifft sicher zu, wenn man die nationalen Frohbotschaften bedenkt, die nach 1989 in Osteuropa durch „Missbrauch des Mittelalters" hergestellt wurden.

Im Jahr 2000 feierte Ungarn das tausendjährige Jubiläum der „Staatsgründung" durch Krönung des heiligen Königs Stefan I. mit einer vom Papst übersandten Krone. Die national-konservative Regierung wollte dabei die Verfassung dahingehend abändern, dass die Souveränität nicht mehr im Volk, sondern in der „Heiligen Krone Ungarns" verankert sein sollte. Damit wäre ein Anspruch auf die 1920 verlorenen Teile des ehemaligen Königreichs Ungarn verbunden gewesen. Das scheiterte zwar an der Opposition, aber die „Stefanskrone", die in Wirklichkeit 150 Jahre nach Stefan und für eine Königin angefertigt wurde, musste zur gezielten Verherrlichung der „christlich-nationalen Kontinuität" vom ersten König zum Ministerpräsidenten des Jahres 2000 herhalten.

In Serbien wurde damals der Präsident Slobodan Milošević abgelöst. Er hatte am 28. Juni 1989, dem sechshundertsten Jahrestag der Niederlage der Serben gegen die Osmanen auf dem Amselfeld (Kosovopolje), ebendort in einer Rede vor einer Million Menschen die vergangenen, gegenwärtigen und kommenden Kämpfe Serbiens beschworen. 1991–1995 tobten solche Konflikte mit Kroatien, wobei Bosnien „ethnisch gesäubert" wurde, 1999 war der Krieg mit der NATO um die Unabhängigkeit der Kosovo-Albaner an der Reihe.

Schon beim entsprechenden tausendjährigen Jubiläum des heiligen böhmischen Gründerherzogs Wenzel 1929 hatte der Staatspräsident der Tschechoslowakei die Karten dieses Spiels auf den Tisch gelegt: *Ich würde sagen, dass auch eine Legende die Grundideale einer Nation formulieren kann und das ist für mich sehr wohl eine historische Tatsache!*

Auch in Mittel- und Westeuropa wurde früher dasselbe Spiel gespielt, in Deutschland als Fortsetzung des Germanen-Mythos. Nach dem als „Unternehmen Barbarossa" kodierten Überfall Nazi-Deutschlands auf die Sowjetunion gebot der Reichsführer SS über Divisionen mit den Namen „Das Reich", „Hohenstaufen", „Charlemagne" usf. Dieser Heinrich Himmler war sich angeblich nicht schlüssig, ob er eine Wiedergeburt König Heinrichs I. oder des Sachsenherzogs Heinrichs des Löwen darstelle. Vorsorglich baute er daher sowohl des Königs Stiftung, die Kirche von Quedlinburg, als auch des Herzogs Dom in Braunschweig zu nationalen Gedenkstätten aus.

Es gab freilich zu viele Verlierer im Spiel. Infolgedessen hat es sich hierzulande auf publikumswirksame Ritterturniere oder Falkenjagden auf jeder besseren Burg reduziert. Auch die Geschichtswissenschaft stand ursprünglich ebenfalls im Dienst der Verherrlichung vaterländischer Größe, sogar mit wissenschaftlichen Quellenausgaben wie den deutschen *Monumenta Germaniae Historica*. Inzwischen versteht sie zwar ihrerseits durch „Einladung ins Mittelalter" Geld zu machen, darf sich aber auch ungescheut als Spielverderberin betätigen und gängige Vorstellungen vom Mittelalter gründlich infrage stellen.

Die Vorstellungen vom Mittelalter sind nämlich alles andere als eindeutig. Wir wissen, dass wir in der Neuzeit leben oder diese sogar hinter uns haben, sind uns aber nicht mehr darüber im Klaren, ob wir als Christen bezeichnet werden wollen. Die meisten Menschen des Mittelalters hingegen wussten letzteres ganz genau; sie nannten sich selbst lieber „Christen“ als „Deutsche“ oder „Spanier“. Aber sie hatten keine Ahnung davon, dass sie im Mittelalter lebten. Erst die Renaissance-Humanisten schufen im 14. Jahrhundert den Begriff einer finsteren Mittelzeit scheußlichen Lateins zwischen der „goldenen“ Latinität der Antike und ihrer eigenen Wiederherstellung des reinen Lateins. Diese Vorstellung wurde auf weitere Bereiche des Lebens übertragen und schließlich zur Gliederung der europäischen Geschichte in Altertum, Mittelalter und Neuzeit benutzt. Die Neuzeit, das war Aufklärung und Fortschritt durch Überwindung des Mittelalters. Daher die heute noch gängige Redewendung: *Wir leben doch nicht mehr im finsteren Mittelalter.*

Freilich konnte die Entwicklung der Neuzeit auch kritisch gesehen werden, was zu einer Aufwertung des Mittelalters führte, so bei dem Dichter Novalis (Friedrich von Hardenberg) in seiner Rede „Europa“ von 1799. Hier wird das Mittelalter zur goldenen Zeit einer geordneten christlichen Welt unter der Leitung der katholischen Priester. In der Neuzeit hätten die Laien dann Glauben und Liebe durch Wissen und Haben ersetzt. Aus einem Zeitalter des Fortschritts wurde die Neuzeit damit zum Zeitalter des Zerfalls. Doch die Krise der Französischen Revolution hätte die Chance eines neuen dritten Zeitalters einer universalen christlichen Friedensgemeinschaft eröffnet. Auch diese Sicht der Dinge kehrt in dreifacher Abwandlung mehr oder weniger säkularisiert immer wieder.

Erstens als Überwindung der neuzeitlichen Dekadenz durch eine neue ganzheitliche Ordnung. *Der Führer bringt das Neue Mittelalter,* hieß das 1933. Laut Gottfried Benn sollte Stefan George der Dichter dieser neuen Zeit sein. Zweitens im Gegensatz dazu als Hoffnung auf eine neue christliche

Zukunft nach dem Scheitern des Projekts „Moderne", das durch Auschwitz unübersehbar geworden sei. Romano Guardini hat 1951 in diesem Sinn „Das Ende der Neuzeit" verkündet und viele Verlautbarungen der Päpste, vor allem Benedikts XVI., lassen sich so verstehen. Drittens im Widerspruch zu den beiden anderen Entwürfen als ein neues Zeitalter dezentraler gesellschaftlicher und politischer Selbstorganisation nach dem heute angeblich bevorstehenden Ende des Staates und der Kirche.

Allerdings hat keiner dieser Entwürfe viel mit unserem heutigen Wissen über die europäische Geschichte 500–1500 zu tun. Am ehesten noch die dritte Perspektive, denn das Mittelalter war zwar christlich, aber nicht im Sinne unserer Vorstellungen von Christentum und auch nicht im Sinne einer europaweiten stabilen Ordnung. Wie jede geschichtliche Zeit bestand auch das Mittelalter aus bunter Vielfalt zukunftsträchtiger Gegensätze.

Das beginnt mit dem geographischen Begriff „Europa", von dessen Definition bereits ein Teil unserer Ergebnisse abhängt. Damals wurde er selten und mit unklarer Bedeutung benutzt. Diese Halbinsel Asiens hat nämlich keine zwingend definierbare Ostgrenze. Weil Russland zu Europa gehört und Sibirien vollständig europäisiert hat, würde Europa heute bis zum Pazifik reichen, was aber offensichtlicher Unsinn ist. Angesichts der Dominanz der Religion in vormodernen Kulturen lässt sich aber eine Grenzzone zwischen dem lateinischen Christentum Roms und den orthodoxen Christentümern identifizieren, die heute ungefähr zwischen Finnland, den baltischen Staaten, Polen, Ungarn, Slowenien und Kroatien auf der einen Seite, Russland, Weißrussland, Rumänien und Serbien auf der anderen verläuft. Das wäre das sogenannte „christliche Abendland", das vom Karolingerreich und seinen Nachfolgern zusammen mit den Päpsten geschaffen wurde. In reduzierter Form wurde es nicht ohne Zusammenhang mit der katholischen Mittelalterdeutung nach 1945 als ideologisches Gegengewicht gegen den Kommunismus gehandelt. Und abermals nicht ohne Zusammenhang damit ist hier mit dem Europa der Sechs der Kern der heutigen Europäischen Union entstanden.

Unzweifelhaft handelt es sich um eine kulturelle Einheit im einzig möglichen statistischen Sinn, dass nämlich ihre Angehörigen mehr Gemeinsamkeiten untereinander aufzuweisen haben als mit den Bewohnern dritter Länder. Wenn es gelingt, mit der Ersetzung des Begriffs „christliches Abendland" durch „lateinisches Europa" den ideologischen Ballast abzuwerfen, stellt dieses Europa tatsächlich eine legitime historische Untersuchungseinheit dar. Allerdings ist bereits dieses lateinische Europa eine Welt voller Widersprüche, angefangen mit seinem Christentum.

Von der Annahme des katholischen Glaubens durch die Franken Ende des 5. Jahrhunderts bis zur Bekehrung der Balten und Preußen im dreizehnten und der Gewinnung der Litauer in Konkurrenz mit der Orthodoxie im späten vierzehnten haben christliche Herrscher zusammen mit dem Papst Europa christianisiert und latinisiert. Im Verfahren kommt bereits der weltgeschichtlich einmalige Dualismus von geistlich und weltlich samt institutionell getrennten, aber politisch einander zugeordneten Gewalten zum Ausdruck; dazu die Vielfalt der weltlichen Herrschaften, denn das erneuerte westliche Kaisertum wurde mehr und mehr zum bloßen Ehrenvorrang. Der einheitlichen Herrschaft des byzantinischen Kaisers und seiner Nachfolger über Reich und Kirche war dergleichen ebenso fremd wie dem allumfassenden Anspruch des religiösen Rechts im Islam, ungeachtet der dortigen politischen Vielfalt.

Christianisiert wurde jetzt von oben nach unten. Das heißt, der Herrscher und die maßgebenden Leute wurden gewonnen und eine kirchliche Organisation geschaffen, der die „Nacharbeit" überlassen blieb, aus den pauschal getauften Untertanen durch die Einübung der Feste des Kirchenjahres mit ihren Ritualen, der Heiligenverehrung und des Gebets nach etlichen Generationen Christen zu machen. Soweit damit Unterwerfung durch einen neuen Oberherrn wie Karl den Großen oder Otto den Großen verbunden war, wurde Rückfall ins Heidentum nicht als solcher, sondern als Treuebruch bestraft, so im Falle der angeblich 4500 Sachsen, die Karl der Große als Rebellen hinrichten ließ. Wo es sich aber um selbständige Fürsten handelte wie in Ungarn, spielte die Übersendung einer Krone durch den Papst und die Errichtung einer kirchlichen Hierarchie unter einem eigenen Erzbischof eine wichtige Rolle für die Konsolidierung des jeweiligen Reiches. Oft genug wurde der Gründerkönig später als Heiliger verehrt, was zusätzliche politische Stabilisierung bedeutete.

Das Ergebnis war eine Religion, die sich sowohl von der alten Kirche als auch vom heutigen Christentum unterschied. Denn der Weg ins abendländische Frühmittelalter lief auch hier auf einen kulturellen Abstieg in neue Primitivität hinaus. Das frühe Christentum hatte weder sakrale Orte noch sakrale Personen gekannt, den Eid als magiebesetzt abgelehnt und der rituellen Reinheit keine besondere Bedeutung zugemessen. Jetzt wurde die religiöse Praxis durch Reinheitsgebote reguliert und konzentrierte sich auf Kulthandlungen, die als mehr oder weniger magisch begriffen wurden, auf handfeste, in Gestalt von Reliquien „greifbar" gemachte Heiligenverehrung, auf das Bedürfnis, noch durch entsprechende Bestattung dem Heiligen räumlich nahe zu bleiben. Der Eid spielte eine große Rolle, ebenso das Gottesurteil; auch Jesus wurde über jeder Kirchentür als strenger Richter dargestellt. Gut und böse wurden quantifiziert und die Beziehung zu Gott und den Heiligen auf das im Diesseits übliche System von Leistung und Gegenleistung reduziert. Dem entsprach der

Freiburger Tympanon mit Christus als Weltenrichter

Charakter der römischen Kirche als Rechtsgemeinschaft römischer Tradition.

Vieles davon lebte lange weiter, manches bis zum heutigen Tag. Aber das mittelalterliche Christentum erschöpfte sich nicht darin. Auf der einen Seite entwickelte sich vor allem in den religiösen Orden eine intensive persönliche Frömmigkeit bis hin zu einem mystischen Gottesverhältnis auf höchstem expressivem Niveau. Auf der anderen Seite wurden der Glaube und das Recht als intellektuelle Herausforderung aufgegriffen und subtile Methoden zur Textauslegung und zur Bewältigung theologischer und philosophischer Probleme entwickelt. Dabei entstand eine ebenfalls weltgeschichtlich einmalige Institution, die Universität als Gelehrtenkorporation mit Autonomieanspruch. Möglicherweise ist es diese mittelalterliche Wissenskultur gewesen, der Europa seinen späteren weltgeschichtlichen Vorsprung zu verdanken hat.

Gewöhnliche Christen wissen weniger genau, was sie glauben müssen, als in welche Kirche sie zu gehen haben. Während es in der Antike ständige theologische Auseinandersetzungen gegeben hatte, herrschte in der lateinischen Kirche nach dem Aussterben der „germanischen" Arianer zunächst Ruhe. Im 11. Jahrhundert schöpfte die päpstliche Reformbewegung mit ihrem Ziel kirchlicher Autonomie das religiöse Engagement ab. Dann aber blühten mit der wachsenden Bedeutung der Laien die „Spaltungen" (Häresien) wieder auf. Unter anderem entstand im 12./13. Jahrhundert vor allem in Frankreich und im Rheingebiet eine gut organisierte „Gegenkirche" der Katharer, der „Reinen", mit einer konsequent dualistischen Lehre und Praxis. Dem guten Gott des Geistes stand ein böser Gott des Fleisches als Herr der diesseitigen Welt gegenüber, dem nur durch (sexuelle) Enthaltsamkeit zu entkommen war. Die lateinische Kirche reagierte auf dem 4. Laterankonzil 1215 mit verschärfter Kontrolle, führte 1231 das Glaubensgericht der Inquisition ein, deren Urteile vom „weltlichen Arm" mit dem Feuertod vollstreckt wurden, und rottete die „Ketzer" (Katharer!) schließlich mittels eines Kreuzzuges aus.

Eine selbstbewusste religiöse Minderheit im lateinischen Europa waren die Juden. Auf dem Boden des früheren Imperium Romanum sind sie anscheinend seit der Antike präsent gewesen und von dort seit dem 9. Jahrhundert nach Norden gewandert. 1300–1490 haben sie im europäischen Durchschnitt vielleicht 1 Prozent der Bevölkerung ausgemacht, allerdings mit stärkerer Konzentration in Spanien und Portugal, der Heimat der sogenannten „Sephardim" (ca. 3–8 Prozent), und mit zunehmender Tendenz in Polen und Ungarn (von ca. 1 Prozent auf ca. 3 Prozent) wegen Vertreibung und Abwanderung der sogenannten „Aschkenasim" aus Deutschland.

Offensichtlich wurden Juden ungeachtet friedlichen Zusammenlebens von „Rechtgläubigen" dennoch als Bedrohung empfunden; schließlich bekehrten sich bisweilen sogar prominente Christen zum Judentum. Immer wieder kam es zu Verfolgungen, auch im muslimischen Spanien, als dort Strenggläubige ans Ruder kamen. Seit dem 11. Jahrhundert verschärften sich die mörderischen Pogrome, in Deutschland im Zusammenhang mit der religiösen Erregung durch die Kreuzzüge. Als Vorwand ist seit 1144 die rituelle Ermordung christlicher Kinder, seit 1290 die Schändung des Leibes Christi in der Hostie, seit der Pestepidemie von 1349 die Brunnenvergiftung nachzuweisen. Schließlich wurden diese „Andersgläubigen" vollständig ausgewiesen, aus England 1290, aus Frankreich 1394, aus vielen deutschen Städten im späten Mittelalter, aus Spanien 1492.

Außerhalb des lateinischen Kulturraums ist „Europa" nicht mehr geographisch zu definieren. Es lässt sich nur als wechselnder Raum ständiger Expansion und Interaktion mit anderen begreifen. Da war zunächst das byzantinische Reich, das seit dem 6. Jahrhundert durch Ausbreitung seines orthodoxen Christentums eine Art kultureller Hegemonie über den größten Teil der Slawen Südost- und Osteuropas errichtete. Auch wenn Moskau nach dem Fall Konstantinopels 1453 als „drittes Rom“ die Führung in diesem Kulturkreis übernommen hat, so lebt die Tradition immer noch im Vorrange des Patriarchen von Konstantinopel innerhalb der Orthodoxie weiter.

Der Islam gehört von Haus aus nicht zu diesem Europa im weiteren Sinn. Aber der osmanische Sultan schlüpfte nach der Eroberung von Konstantinopel unverzüglich in den Mantel des oströmischen Kaisers wie wenig später in denjenigen des Kalifen. In bester byzantinischer Tradition machte er Kaiser Karl V. die „Weltherrschaft“ streitig, weil es doch nur einen Kaiser geben könne!

Ebenso folgenreich war aber die kulturelle Interaktion zwischen der griechischen, der islamischen und der lateinischen Welt, die zu bestimmten Zeiten in bestimmten Kontaktzonen des lateinischen Europa selbst stattfand. Auf der Iberischen Halbinsel, in Süditalien und Sizilien lebten unter wechselnder Herrschaft zeitweise Angehörige dieser drei Kulturen sowie oft genug auch jüdische Intellektuelle friedlich zusammen. Hier fand der Transfer antiken Denkens durch Übersetzung aus dem Griechischen und dem Arabischen statt. Von hier ging eine Fülle kultureller Impulse aller Art aus. Vor allem die Übersetzung des Aristoteles kann in ihrer Bedeutung für die europäische Geschichte gar nicht überschätzt werden.

Europa war also nie eine geographische Einheit, nie eine monolithische Wertegemeinschaft, nie eine ideelle Größe. Es war nie „fertig“ und hatte nie eine unbestrittene Identität.

7. Kapitel

# Luther, oder: Der Kampf ums Überleben

Individuelle Frömmigkeit und Gelehrsamkeit bringen mehr oder weniger zufällig ständig neue Varianten der vorhandenen Religionen hervor. Die meisten davon überleben nicht, denn sie werden ignoriert oder ausgemerzt wie die Katharer. Manche sind im kleinen Kreis erfolgreich und behaupten sich dort. So haben zum Beispiel die Nachfahren der friedlichen Wiedertäufer bis heute überlebt. Bei wieder anderen stellt sich heraus, dass sie veränderten Umweltbedingungen ihrer „Mutterreligion" besser angepasst sind als diese selbst, sodass sie sich auf breiter Front durchsetzen und als eine neue Art Religion behaupten. Dieser Vorgang kann allerdings unter verschiedenen Umweltbedingungen in verschiedenen Territorien zu verschiedenen Ergebnissen führen. Damit wären dann mehrere miteinander rivalisierende neue Arten von Religion entstanden.

Die spätmittelalterlichen Kirchenreformer, die von einer auf Luther fixierten Wissenschaft gerne als dessen bloße „Vorläufer" abqualifiziert wurden, Leute wie Petrus Waldes, John Wyclif, Jan Hus, Johann Staupitz, blieben ohne bleibende Wirkung. Ihre Varianten des Christentums hatten nur vorübergehende Bedeutung, waren auf bestimmte Gruppen beschränkt oder starben aus. Warum war Martin Luther (1483–1546) im Gegensatz dazu so überwältigender und bleibender Erfolg beschieden? Die Antwort muss lauten: weil seine Theologie die „beste" war, freilich nicht im Sinne ihrer schwer zu messenden wissenschaftlichen oder religiösen

„objektiven" Qualität, sondern weil sie den religiösen und politischen Bedürfnissen ihrer Zeit und Umwelt am besten gerecht wurde. Bezeichnenderweise blieb die Zusammenfassung von Luthers bisherigem wissenschaftlichem Lebenswerk, die Thesen vom 4. September 1517, mit denen er die scholastische Theologie über den Haufen werfen wollte, weitgehend unbeachtet. Eine beiläufige Nutzanwendung seiner neuen Erkenntnisse hingegen, die Thesen über den Ablass, die er wahrscheinlich am 31. Oktober 1517 angeschlagen hatte, machten ihn berühmt, nachgeschobene erbauliche Traktate und polemische Schriften ließen ihn zum Abgott der Deutschen werden. Warum?

Luther als Herkules Germanicus, der gegen die hergebrachten Autoritäten wütet (Hans Holbein d. J., ca. 1520)

Zunächst war Luther als wortgewaltiger und bienenfleißiger Autor ideal einer neuen Umweltbedingung angepasst, der Medienrevolution durch den Buchdruck. Ihm selbst und seinen Zeitgenossen war der Zusammenhang des reformatorischen Erfolgs mit dieser Rahmenbedingung durchaus bewusst.

*Kurz vor Luthers Zeiten*
*man Druckerei erfand,*
*Gott's Wort schnell auszubreiten*
*rein ohn' Menschentand,*

reimte ein sächsischer Lutheraner 1640. Binnen weniger Jahre waren Millionen Exemplare von Lutherschriften und Abermillionen einschlägige Flugblätter im Umlauf. Nur dank des Buchdrucks konnte die von Luther übersetzte Bibel seinen Anhängern den unmittelbaren Zugang zum Glauben eröffnen.

Obwohl oder gerade weil die Menschen damals Heilsgewissheit durch gesteigerte Leistungen in den traditionellen dinglichen Werken der Frömmigkeit wie Stiftungen, Messen oder Heiligenverehrung finden wollten, kam Luthers Botschaft ihnen offensichtlich auch inhaltlich entgegen: Quält euch nicht mit den überflüssigen Werken kirchlicher Frömmigkeit, denn das Heil ist allein durch glaubendes Vertrauen in Christus zu erlangen, das euch Gott durch die Bibel umsonst und ohne menschliche Verdienste schenkt! Albrecht Dürer war einer, dem Luther dadurch *aus großen Ängsten* half.

Damit war die Kirche als Heilsvermittlungsanstalt samt ihrem geistlichen Expertenpersonal und dessen reichen Gütern überflüssig geworden – eine revolutionäre Botschaft, die von vielen gerne gehört wurde. Erstens von den zahlreichen Deutschen, die sich seit Langem vom römischen Papsttum finanziell ausgebeutet fühlten. Luther wusste dieses Ressentiment gezielt zu nutzen. Zweitens von Fürsten, Rittern und Städten, die Appetit auf das reiche Kirchengut verspürten. Dessen Enteignung war jetzt theologisch legitimiert.

Aber in den Städten und ländlichen Gemeinden reichte Luthers Wirkung tiefer, hatte er doch ursprünglich die professionelle Klerikerkirche durch das allgemeine Priestertum autonomer Gemeinden ersetzen wollen, die selbst über die Lehre entscheiden und ihre Prediger ein- und absetzen konnten. Das entsprach dem genossenschaftlichen Selbstverständnis der Städte und Landgemeinden als christliche Totalgemeinschaften, die sich auch für den religiösen Bereich verantwortlich wussten. Stadträte fühlten sich zum Beispiel verpflichtet, die Messe abzuschaffen, um nicht durch Duldung dieses „gotteslästerlichen" Kultes den Zorn Gottes auf ihre Gemeinde herabzurufen!

Erst als das neue Gemeindechristentum die neue evangelische Freiheit auch auf die politischen Verhältnisse bezog und im Bauernkrieg 1524/25 zu revolutionärer Gewalt überging, sah Luther Satan am Werk. Dagegen griff er auf die obrigkeitliche Autorität der Fürsten zurück, die jetzt als „Notbischöfe" die Sache in die Hand nehmen sollten und das nur zu gerne taten. Damit wurde aus seiner evangelischen Bewegung die „Reformation", nach damaligem Sprachgebrauch eine rechtsförmige Veranstaltung der Obrigkeit, aus der in diesem Falle neue institutionalisierte Kirchen hervorgingen. Das heißt aber, in der evangelischen Bewegung selbst fand eine scharfe, bisweilen blutige Selektion statt, nach Luthers Motto: *Entweder jene oder wir müssen Satanspfaffen sein.* Denn damit meinte er keineswegs die Diener des römischen Antichristen, des Papstes, sondern seine evangelischen Konkurrenten, vor allem den Züricher Reformator Ulrich Zwingli und dessen Gesinnungsgenossen in oberdeutschen Städten. Aber Luther war mikropolitisch am besten vernetzt und wusste seiner Variante den Sieg zu sichern. Zumindest in Deutschland setzte sich trotz verschiedener kleiner Abweichungen das „Luthertum" durch.

In Teilen der Schweiz und ihrer Nachbarschaft, also in einem eng umgrenzten Territorium, blieb es hingegen beim Gemeindechristentum in der Art Zwinglis, auch nachdem Luther davon abgekommen war. Langfristig war dieser Variante sogar weitere Verbreitung bestimmt als der lutherischen. Denn der größte Reformator der zweiten Generation, Johannes Calvin (1509–1564), passte dieses Gemeindechristentum theologisch und organisatorisch perfekt den Bedingungen einer feindlichen oder pluralistischen Umwelt an. Nach dem Modell Genf, wo Calvin eine in Glauben und Leben überaus strenge Variante durchgesetzt hatte und in einer zu diesem Zweck gegründeten Hochschule Glaubensboten ausbildete, konnten sich autonome oder föderierte Gemeinden entwickeln, die von Oligarchien aus Pastoren und prominenten Ältesten geleitet wurden. Wegen ihres Anspruchs, die Reformation über die Lutheraner hinaus konsequent zu Ende geführt zu haben, nannten sie sich „Reformierte"; die Bezeichnung „Calvinisten" ist polemischen Ursprungs. Heute ist das evangelische Christentum im größten Teil der Welt reformierten Ursprungs. Offensichtlich wurde im religiösen Wettbewerb die anschlussfähigere Anpassungsleistung prämiert. Denn das Luthertum hatte sich allzu einseitig auf die Bedingungen des Reiches und seiner Nachbarländer, seine ursprüngliche Umwelt, eingestellt, vor allem seit seine Existenz 1555 durch den Augsburger Religionsfrieden reichsrechtlich abgesichert war.

Die alte römische Kirche hätte im Kampf mit diesen Konkurrenten, die den Bedürfnissen der Zeit offensichtlich besser angepasst waren, eigentlich unterliegen und aussterben müssen wie einst die arianischen Kirchen der spätantiken „Germanen". Stattdessen hat sie sich behauptet, langfristig die ehrwürdige Bezeichnung „katholisch" monopolisiert und stellt heute die weltweit größte organisierte Glaubensgemeinschaft mit einer Milliarde Mitglieder dar. Ihr Überleben beruht auf der erfolgreichen Sicherung eines exklusiven Territoriums für sich, verbunden mit einer nachholenden Anpassungsleistung, die Anstöße der Konkurrenten aufgriff und damit die gezielte Verbesserung vorhandener Eigenschaften der eigenen Variante Christentum zu verbinden wusste.

Entscheidend war wie beim Luthertum die Herstellung günstiger Umweltbedingungen durch Symbiose mit europäischen Monarchien und deutschen Territorialfürstentümern. Weil von Konkurrenz bedrohte Kirchen darauf angewiesen waren und Fürsten davon Vorteile zu erwarten hatten, kam es zur Konvergenz zweier Entwicklungsprozesse, der Reform des Christentums und des Wachstums der Staatsgewalt. Letztere konnte jetzt über die Kirchengüter und das kirchliche Personal verfügen, und zwar in beträchtlichem Umfang auch in der Papstkirche, der in bedrängter Lage gar nichts anderes übrig blieb, als entsprechende Zugeständnisse zu machen. Für die Finanzen der spanischen Großmacht zum Beispiel waren die Einkünfte aus der Kirche wichtiger als die berühmten Silberschätze aus der Neuen Welt. Weiter konnten werdende Staaten ihre nationale oder territoriale Identität religiös verstärken und außerdem zusammen mit den Kirchen die Disziplinierung der Untertanen vorantreiben. Selbstverständlich verlief solches Zusammenwirken alles andere als konfliktfrei, aber beide Seiten blieben sich dennoch bewusst, welche gemeinsamen Interessen sie verbanden.

Auf diese Weise wusste sich die alte Kirche Italien und die Iberische Halbinsel als ausschließlichen Lebensraum zu sichern. Die spanische, die portugiesische und die römische Inquisition waren dabei gewissermaßen als hochwirksame „Antikörper“ gegen die ursprünglich auch dort wirksame evangelische „Infektion“ tätig. Es gelang, die durchaus vorhandenen evangelischen Zellen fast restlos zu beseitigen. In diesem territorialen Rahmen konnten dann zwei nachholende Anpassungsleistungen stattfinden.

Erstens kam es zu teils individuell-spontanem, teils geplant organisiertem Eingehen auf die erhöhten intellektuellen und spirituellen Bedürfnisse der Umwelt. Die eigenen theologischen Grundlagen wurden verbindlich geklärt. Ein neues Bildungswesen wurde aufgebaut, das höchsten Ansprüchen genügte und zum Beispiel die Jahrhundertaufgabe der Kalenderreform zu lösen wusste. Neue Formen der Spiritualität wie die Exerzitien des Ignatius von Loyola, die Marianischen Kongregationen seines Jesuitenordens und die Anweisungen des François de Sales für eine individualisierte Laienfrömmigkeit fanden großen Anklang.

Zweitens wurde das institutionelle Erbe der alten Kirche auf neue Anforderungen eingestellt. Neue Orden wie die Jesuiten wurden gegründet und alte „modernisiert". Die hierarchische Ordnung der Kirche wurde gestrafft und durch neue Einrichtungen wie die päpstlichen Nuntiaturen, die Berichtspflicht der Bischöfe nach Rom, die Buchführung über den Sakramentenempfang der Gläubigen und die regelmäßige Visitation durch die Obrigkeit ergänzt. Der Gottesdienst wurde neu geordnet und mithilfe von Architektur, bildender Kunst und Musik attraktiver gemacht. Die Gläubigen wurden mit rechtgläubiger Literatur versorgt und deren Wirkung durch Zensurmaßnahmen abgesichert.

Das langfristige Ergebnis war der moderne Konfessionskatholizismus, verglichen mit der alten Kirche ebenfalls eine neue Art Christentum. Mit seiner Entstehung war die von Luther ausgelöste Entwicklung aber keineswegs am Ende. Im Gegenteil, die parallele Ausbildung von drei verschiedenen Varianten von Christentum im ehemals lateinischen Europa führte zu erhöhtem Konkurrenzdruck zwischen den Konfessionen, der sich infolge der Symbiose mit politischen Mächten bis zum Glaubenskrieg ums Überleben steigern konnte. Erwartungsgemäß fanden diese Konflikte in den zwischen Konfessionen umstrittenen Territorien statt, zuerst in der Schweiz, dann in Frankreich und im Reich, schließlich in Polen.

Auch wenn diese Geschichte der religiösen Entwicklung, die man früher als „Reformation und Gegenreformation" bezeichnet hat (heute sprechen wir zutreffender von einer

„evangelischen Bewegung" als Initialzündung und anschließender mehr oder weniger paralleler „Konfessionalisierung" bei Katholiken, Lutheranern und Reformierten), hier in der Alltagssprache der Historiker dargestellt wird, ist unschwer zu erkennen, dass sie exakt nach den Regeln der synthetischen Evolutionstheorie des biologischen Darwinismus ablief. Durch Mutation oder Neukombination bei der Fortpflanzung entstehen zufällig ständig genetisch variierende Individuen. Meistens verschwinden diese wieder oder setzen sich allenfalls durch die sogenannte Gendrift in kleinen Populationen durch. Manchmal weisen variierende Individuen aber Merkmale auf, die für das Überleben und die Fortpflanzung in einer bestimmten Umwelt so vorteilhaft sind, dass ihre Zahl zunimmt, bis sie die weniger vorteilhaft ausgestatteten Individuen verdrängt haben und dadurch eine neue Art entstanden ist. Veränderungen der Umweltbedingungen spielen dabei eine ebenso wichtige Rolle wie die Bindung einer Art an ein bestimmtes Territorium. Auf diese Weise hat die Selektion zunächst die erfolgreiche Variante des Christentums nach Martin Luther begünstigt. Dann aber bescherte die Territorialität durch Sicherung eines eigenen „Biotops" der reformierten Art und sogar der angepassten altkirchlichen selektive Vorteile. Es handelt sich also keineswegs um das Überleben der Stärksten im Sinne eines primitiven Sozialdarwinismus, sondern um hoch differenzierte Prozesse wie in der modernen Biologie.

Natürlich liegt der Einwand nahe, dass die biologische Evolution durch Selektion blind und autonom ihren Gesetzen folgt, keinen Sinn jenseits der Arterhaltung erkennen lässt und mit den Individuen mit grausam unpersönlicher Gleichgültigkeit umspringt, die Geschichte hingegen von bewusst handelnden Menschen gemäß ihren jeweiligen Absichten gemacht wird und dadurch ihren Sinn erhält. Sieht man freilich genauer zu, dann springen die historischen Abläufe mit den handelnden Menschen nicht weniger blind und grausam um. Denn die Geschichte bringt durch das Handeln der Menschen quasi zufällig überwiegend solche Ergebnisse hervor, die von deren Absichten abweichen oder ihnen sogar widersprechen. Das ist das „Prinzip der nicht-intendierten Nebenwirkungen". Die Geschichtserfahrung des Menschen läuft daher selten auf triumphale Sinnerfüllung hinaus, sondern meist auf ohnmächtige Wut über schreckliche Sinnlosigkeit! Auch Martin Luther wollte keine neue Kirche gründen, sondern die alte zu ihren Grundlagen zurückführen, so wie er sie verstand. Aber seine Variante von Religion war den Umweltbedingungen besser angepasst, überlebte und wurde zu einer neuen Art Christentum, das sich freilich keineswegs so entwickeln sollte, wie er es haben wollte.

Der wissenschaftliche Zugewinn dieses Versuchs, Geschichte biologisch zu schreiben, besteht im Nachweis, dass und wie individuelles menschliches Handeln Bestandteil eines anonymen historischen Prozesses sein kann, ohne seine individuelle Würde zu verlieren, auch wenn es scheitern muss. Das ist möglich, weil Biologie und Geschichte mit dem menschlichen Leben einen gemeinsamen Gegenstand behandeln, der denselben Gesetzen unterliegt, und sich dabei, mehr als sie wahrhaben wollen, sogar derselben Gedanken bedienen. Die Sprache der modernen Genetik zum Beispiel ist voll von Metaphern aus der Sprachwissenschaft und der Informationstechnologie, deren sich auch die Geschichtswissenschaft bedient („Code", „entziffern", „Programm", „Netzwerk" usf.).

Evolution ist freilich nie zu Ende. Auch religiöse Evolution läuft weiter, ob wir sie nun beachten oder nicht. Ohne sich dessen bewusst zu sein, bringt das die ursprünglich reformierte theologische Formel von der *Ecclesia semper reformanda* ebenso zum Ausdruck wie das *aggiornamento* („auf den heutigen Stand bringen") als Motto des 2. Vatikanischen

Konzils der Katholiken. Die Veränderungen der Umwelt durch die Moderne und die Expansion Europas mussten zu ganz neuen Anpassungsleistungen der verschiedenen Christentümer führen, wenn diese überleben wollten. Besonders spektakulär nehmen sich dabei jüngste Veränderungen im römischen Katholizismus aus. Denn kurz nach seiner überfälligen Anpassung an die Moderne durch das *aggiornamento* des 2. Vatikanischen Konzils begann bereits die erfolgreiche Anpassung an die Postmoderne, die von Johannes Paul II. (1978–2005) auf einen Höhepunkt geführt und von Benedikt XVI. trotz seines eher introvertierten Temperaments erfolgreich fortgeführt wurde: Eine neue Kirche des Reise- und Medienpapsttums, in der Religion durch *Megaevents* Emotionen mobilisiert, lässt Religion als individuelle Innerlichkeit in den Hintergrund treten. Johannes Paul II. wurde in diesem Zusammenhang kürzlich sogar als Stifter dieser neuen Religion bezeichnet. Möglicherweise hat der Katholizismus durch seine stärkere Institutionalisierung dabei abermals einen evolutionären Wettbewerbsvorteil gegenüber dem Protestantismus! Dem braucht die Kurskorrektur durch Papst Franziskus nicht zu widersprechen.

8. Kapitel

# Glaube, Wahn und Wissen in der Neuzeit

Das folgende Gedicht, das 1782 in einem gemischt-konfessionellen Dorf Frankens niedergeschrieben wurde, will zweimal gelesen werden, zuerst die beiden Spalten nacheinander von oben nach unten, dann die nebeneinander stehenden Zeilen beider Spalten zusammen.

| | |
|---|---|
| *Ich sage gänzlich ab* | *der Römisch Lehr und Leben* |
| *Luthero bis ins Grab* | *will ich sein ganz ergeben* |
| *Ich hasse und verspott* | *die Mess und Ohrenbeicht* |
| *Luthero sein Gebot* | *ist mir gar süß und leicht* |
| *Ich hass je mehr und mehr* | *all die das Papsttum lieben* |
| *die Lutherische Lehr* | *hab ich ins Herz geschrieben* |
| *Hinweg aus meinem Land* | *all Römisch Priesterschaft* |
| *was Lutherisch ist verwandt* | *schütz ich mit aller Kraft* |
| *Wer Lutherisch lebt und stirbt* | *der muss den Himmel erben* |
| *in Ewigkeit verdirbt* | *der Römisch kommt zum Sterben.* |

Die konfessionellen Streitpunkte Messe und Beichte, Papsttum und Klerus werden heftig angesprochen, dann aber wird demonstriert, wie austauschbar die Argumente sind und wie beliebig der Glaubenshass mobilisiert werden kann.

Inzwischen hat auch die historische Forschung herausgefunden, wie nahe sich die verfeindeten Konfessionen trotz oder gerade wegen erbitterter Gegensätze im Glauben in den Methoden standen, mit denen sie ihre Anhänger zu beeinflussen wussten. Deswegen wird heute statt von zeitlich aufeinanderfolgender protestantischer „Reformation“ und katholischer „Gegenreformation“ lieber von paralleler anglikanischer, katholischer, lutherischer und reformierter „Konfessionalisierung“ gesprochen, die durch eine „evangelische Bewegung“ von wenigen Jahren ausgelöst wurde.

Infolge der erbitterten Konkurrenz wurde es jetzt nötig, dass die verschiedenerlei Christen wussten, was sie jeweils zu glauben oder vielleicht auch nur nicht zu glauben hatten, zum Beispiel Reformierte, dass der katholische und lutherische Glaube an die reale Gegenwart Christi im Abendmahl absurd sei, zum Beispiel Lutheraner und Reformierte, dass die Verehrung der Heiligen Götzendienst sei, zum Beispiel Katholiken, dass die Rechtfertigung allein durch den Glauben den Protestanten gestatte, nach Belieben zu sündigen, vor allem sexuell, wie man an dem entlaufenen Mönch Luther sehen könne. Entsprechende Überzeugungen wurden immer wieder gezielt in Provokation und Gewalt umgesetzt. Katholische Fronleichnamsprozessionen zogen vor oder gar durch evangelische Ortschaften, mit entsprechenden Folgen, Evangelische stürmten Kirchen und zertrümmerten Bilder und Altäre.

Jede Kirche formulierte ihr Glaubensbekenntnis. Ihre Diener und prominenten Mitglieder wurden darauf vereidigt. Für die gewöhnlichen Gläubigen wurden verschiedene Kontroll- und Animationstechniken entwickelt. Vor allem aber galt es, durch Kontrolle und Ausbau des gesamten Bildungswesens die Jugend und damit die Zukunft zu gewinnen. Zwar konnten die neuen evangelischen Kirchen außer in England nicht auf bestehende Institutionen zurückgreifen wie die Katholiken, aber ansonsten waren ihre Kontrollverfahren mit denen der alten Kirche identisch oder entsprachen ihnen in ihrer Funktion. Zwar unterlagen autonome reformierte Gemeinden nicht der Aufsicht und Visitation durch eine kirchliche oder weltliche Obrigkeit. Aber die Überwachung durch das örtliche Konsistorium, die Gemeindeleitung aus Pastoren und Ältesten, und seine Vertrauensleute war noch wirkungsvoller. Neuere Detailforschungen haben freilich gezeigt, dass Kontrolle hier weniger auf Terror als auf Fürsorge hinauslief.

Auch die katholische „Glaubenspolizei", die Inquisition, verliert, genauer besehen, einiges von ihrem Schrecken. Das Horror-Image, wie es zum Beispiel Edgar Allan Poe in der Erzählung *The Pit and the Pendulum* („Wassergrube und Pendel") literarisch verbreitet hat, ist ohnehin Bestandteil der *Leyenda negra*, der „schwarzen Legende", mit der Italiener, Niederländer, Franzosen und Engländer im 15. und 16. Jahrhundert ihrem Hass auf die damalige spanische Großmacht Ausdruck verliehen haben, nicht ohne sachlich zutreffende Grundlagen, aber mit aberwitzigen Übertreibungen, die bis heute nachwirken.

Auch in evangelischen Ländern wurde religiöse Abweichung bestraft, manchmal durchaus mit dem Tode, bisweilen sogar dem Tod auf dem Scheiterhaufen. Aber die drei Inquisitionen waren wie vieles im altkirchlichen Apparat, zum Beispiel auch das Bildungswesen der Jesuiten, besser organisiert und die Zahl der Betroffenen insofern erheblich höher. Die spanische und die portugiesische Inquisition (1478–1808 bzw. 1536–1821) waren ohnehin in erster Linie Herrschaftsinstrumente der jeweiligen Monarchen. Als es dort keine Evangelischen mehr gab, verfolgten sie nicht etwa Juden und Moslems, denn dafür waren sie nicht zuständig, sondern *getaufte* Juden und Moslems, die im Verdacht standen, heimlich weiter ihrem Glauben anzuhängen. Das war Häresie im Rückfall und wurde als politische Bedrohung der nationalen Einheit empfunden. Außerdem fürchtete man heimliche Parteigänger des aggressiven Osmanischen Reiches. Nur die Römische Inquisition (1542, heute: Kongregation für die Glaubenslehre) unterstand direkt dem Papst. Sie funktionierte aber fast nur in

Italien, abgesehen vom „Index der verbotenen Bücher" (1559–1966), für den sie zusammen mit einer besonderen Indexkongregation verantwortlich zeichnete.

Die mittelalterliche Ablösung des mündlichen „Akkusationsprozesses" („Wo kein Kläger ist, da ist auch kein Richter") durch den schriftlich geführten „Inquisitionsprozess" mit der Pflicht der Justiz, selbst zu ermitteln, gilt gemeinhin als Fortschritt im Strafrecht. Sogar die damit verbundene Folter sollte anstelle quasi-magischer Verfahren wie Gottesurteil oder Reinigungseid mit Eideshelfern rational Aussagen zur Sache beschaffen. Die kirchliche Variante des Inquisitionsprozesses dürfte sich in der Neuzeit nicht selten vorteilhaft von der weltlichen unterschieden haben. Er wurde korrekter geführt und man ging mit den Angeklagten trotz kontrollierter Folter „menschlicher" um. Die Zahl der Todesurteile hielt sich in Grenzen. Sozial diskriminierende Bußstrafen und Geldstrafen waren häufiger. Dennoch ging Schrecken von den Inquisitionen aus und sie können aus heutiger Sicht als Terrorinstrument bezeichnet werden, weil die Prozesse geheim geführt wurden und der Angeklagte nicht nur nicht erfuhr, wer ihn angezeigt hatte, sondern bisweilen nicht einmal, wessen er genau beschuldigt wurde – auch eine Art von psychischer Zermürbungsfolter!

Im Rahmen des kirchlichen Gedankengebäudes, dem sie verpflichtet waren, legten die Inquisitoren nicht selten beträchtliche Rationalität an den Tag. Noch heute beschäftigt sich die römische Glaubenskongregation angeblich mehr mit der Bekämpfung krassen Aberglaubens als mit theologischen Abweichlern. Vor allem in Sachen Hexenverfolgung kann man die spanische wie die römische Inquisition geradezu als „aufgeklärt" bezeichnen.

Es gab schon im Mittelalter gelegentlich Verfolgungen von Hexen und Zauberern, obwohl das Kirchenrecht die nächtlichen „Ausflüge" von Hexen zur Einbildung überhitzter weiblicher Phantasie erklärte. Frauen galten als anfälliger für Wahn und Sünde, eine frauenfeindliche Tradition, freilich nicht nur des Abendlandes. Auf der anderen Seite rechnete die Theologie aber durchaus mit der Wirksamkeit von Dämonen. Das galt übrigens auch für die späteren evangelischen Kirchen. 1540 wurden in Wittenberg, 1545 in Genf Hexen hingerichtet; auch die Gegner der Hexenverfolgung verteilten sich auf verschiedene Konfessionen. Hexenverfolgung gibt es im Übrigen immer noch, und zwar nicht nur in Afrika

Erst im 15. Jahrhundert wurde im Westalpenraum der „klassische" Tatbestand der Hexerei erfunden, die Verbindung von Schadenszauber mit dem Teufelsbündnis, dem Hexenflug, dem Hexensabbat und dem Geschlechtsverkehr mit Dämonen. Als Sekte von Teufelsanbetern, das heißt als Ketzer, fielen die Zauberer und Hexen damit unter die Zuständigkeit der damals noch dezentral tätigen Inquisitoren, die jetzt auch in Süddeutschland und Oberitalien zu wüten begannen. 1486 erschien mit päpstlicher Approbation das berüchtigte, vielfach aufgelegte Handbuch für Hexenjäger, der „Hexenhammer". Die Vorstellung vom Hexensabbat hatte zur Folge, dass unter der Folter Aussagen darüber erzwungen wurden, wen das Opfer dort gesehen hatte – dieses sogenannte „Besagen" ermöglichte die Eskalation zu Verfolgungsketten! Allerdings fehlte es auch nicht an scharfer Kritik; von *nova holocausta* („neuen Brandopfern") sprach der berühmte italienische Jurist Andrea Alciati Anfang des 16. Jahrhunderts.

Seinen Höhepunkt erreichte der Hexenwahn europaweit in verschiedenen Verfolgungswellen zwischen 1560 und 1630. Die Gesamtzahl der Opfer dürfte zwischen 50 000 und 100 000 gelegen haben; die angeblichen 9 Millionen stammen aus einer fehlerhaften Hochrechnung des späten 18. Jahrhunderts. Allerdings waren gut organisierte größere Monarchien eher immun. Der Schwerpunkt lag in Deutschland in Kleinterritorien mit wenig organisierter Justiz. Die Konfession spielt höchstens insofern eine Rolle, als Gebiete mit mehrfachem Glaubenswechsel sich als besonders anfällig erwiesen.

Von unrühmlichen Ausnahmen wie manchen deutschen Bischöfen und Richtern abgesehen ging die Initiative überwiegend von unten aus. Die Bevölkerung, die sich bedroht fühlte, verlangte Bestrafung der Teufelsdiener, die sie für ihr Missgeschick verantwortlich machte, während die Obrigkeiten oft Bedenken hegten und zur Verfolgung eher gedrängt werden mussten. Das Volk hingegen bildete manchmal regelrechte Hexenjägerausschüsse und leistete Beiträge zu den Prozesskosten. Individuelles Missgeschick häufte sich bei Naturkatastrophen, wie sie während der sogenannten „kleinen Eiszeit" jener Jahrzehnte gehäuft vorkamen. Das erklärt den Höhepunkt des Wahns. Nur in Mitteleuropa waren die Mehrzahl der Opfer Frauen. Es gab aber auch hier Männer und sogar Kinder darunter.

Im Einzugsbereich der drei Inquisitionen hingegen kamen Hinrichtungen nur selten vor. Die spanische neigte dazu, Zaubereiversuche nur als Aberglauben zu bestrafen. Um 1600 entstand in Rom eine Instruktion für Hexenprozesse, die den mitteleuropäischen Gerichten unkorrekte und unmenschliche Prozessführung vorwarf. Die Beweiskraft des „Besagens" wurde schlicht verworfen. Alles vergebens. Während die Eltern von Kinderhexen in Graubünden noch 1712 von weltlichen Richtern gezwungen wurden, ihre Kinder zu vergiften, ließen die Päpste schon 1655 angebliche Hexenkinder religiös unterweisen und anschließend auf ihre Kosten bei rechtschaffenen Familien in Pflege geben.

Die „klassische" Hexenvorstellung hat sich inzwischen zwar erledigt, nicht aber die Wahnvorstellung vom Schadenszauber. Auf allen Kontinenten ist dieser Hexenglaube lebendig; in Afrika hat es in der nachkolonialen Zeit mancherorts regelrechte Verfolgungswellen gegeben. Und auch in Deutschland glauben angeblich 10 Prozent der Bevölkerung an Hexen, 20 Prozent an die Möglichkeit von Schadenszauber. Doch nicht nur in diesem Sinn heißt es: „Die Hexen sind unter uns". Die Suchmaschine Google liefert in weniger als einer Sekunde über eine Million Fundstellen für „Hexen" im Internet, dem modernsten Medium der Wissensgesellschaft, an der Spitze *das umfassende Portal für Naturgläubige* und *eine offene Gruppe positiv denkender Menschen, welche im Wissen des Hexentums ein enormes Potential sehen* – offensichtlich keineswegs nur Amerikaner. Historisch gesehen eine paradoxe Situation. Denn die Hexen als organisierte Sekte oder alternative Naturreligion weiser Frauen hat es zu Verfolgungszeiten nie gegeben – heute gibt es sie. Der „Hexenmarkt" ist Bestandteil eines gigantischen Esoterikmarktes. Und der Satanskult, einst eine Wahnidee, ist heute Wirklichkeit, den Willen zu schaden eingeschlossen!

Offensichtlich gedeiht der Wahn auf dem Boden einer von Wissenschaft geprägten Welt ebenso gut wie einst auf dem Boden des Glaubens. Auf der anderen Seite zeigt das Ausmaß kritischer Rationalität gerade bei damaligen Protagonisten des Glaubens, dass auch das Verhältnis von Glauben und Wissen nicht von vorneherein auf einen eindeutigen Gegensatz hinauslief. Das trifft sogar auf die Konflikte Galileo Galileis mit der römischen Inquisition 1616 und 1633 zu.

Der Fall Galilei gilt längst nicht mehr als Gründungsmythos der modernen Wissenschaft. Denn es handelte sich dabei nicht um einen Zusammenstoß zwischen „moderner" freier Forschung und „mittelalterlicher" Knebelung des Geistes, sondern um einen Methoden-Konflikt zwischen zwei gleichermaßen quasi-modernen Richtungen. Es ging darum, ob neue Erkenntnisse erst einmal behutsam als Hypothese in das bestehende Weltbild integriert werden sollten oder unverzüglich ohne Rücksicht auf Verluste ihr gesamtes innovatives Potential entfalten dürften. Denn einen zwingenden Beweis für das heliozentrische Weltsystem konnten weder Nikolaus Kopernikus noch Galilei führen; das sollte erst Isaac Newton gelingen. Die angeblichen „römischen Dunkelmänner" hingegen, die für ihre seit über einem Jahrtausend bewährte Bibelauslegung den Vorrang gegenüber der Anmaßung des Amateurexegeten Galilei beanspruchten, hatten eben erst (1582) den Kalender reformiert und sich für diese naturwissenschaftliche Spitzenleistung der Prutenischen Tafeln bedient, die auf der kopernikanischen „Hypothese" beruhten. Und in der Auseinandersetzung mit Galilei um den Kometen von 1618 erwiesen sie sich bei der Beobachtung wie bei der Deutung als überlegene Empiriker; Galilei trug wegen der literarischen, nicht wegen der wissenschaftlichen Qualitäten seines *Saggiatore* von 1623 den Sieg über sie davon.

Ursprünglich hatte er sich sogar der Protektion dieser Gruppe von Jesuiten erfreut, die wie er selbst nach Aufwertung mathematischer Empirie gegenüber der dominierenden spekulativen Physik des Aristoteles strebte. Wahrscheinlich wurde er deswegen zumindest 1616 für Inquisitionsverhältnisse relativ kulant behandelt. Denn in Rom gab es erhebliche theologische Gegensätze und Machtkämpfe zwischen Jesuiten und Dominikanern, wobei die von den letzteren vertretene traditionelle Richtung allmählich die Oberhand gewann. Im Anschluss daran lässt sich Galileis Aufstieg und Sturz als Ergebnis seiner Selbstvermarktungsstrategie begreifen, was nicht nur sein Verhalten, sondern sogar den Charakter seiner Schriften erklärt. Zunächst wusste er geschickt die Protektion des Hofes von Florenz und einflussreicher römischer Freunde zu gewinnen. Nach dem Tod des Großherzogs, der sein Schüler gewesen war, und nach der Entmachtung seiner Protektoren in Rom hatte die inzwischen aufgebaute Front seiner

Gegner dann aber leichtes Spiel, zumal er mit seiner Ironie den ihm ursprünglich wohlgesinnten eitlen Papst Urban VIII. verärgert hatte.

Dass die Verurteilung des kopernikanischen Systems von Rom erst 1757 zurückgenommen wurde und Galileis „Dialog" von 1632 erst 1831 vom Index der verbotenen Bücher verschwand, ist bereits einer neuen Konstellation zuzuschreiben, in der Glauben und Wissen als unvereinbar galten und die katholische Kirche intellektuell in die Defensive gedrängt war. Die Wiederentdeckung großer Teile der antiken Literatur in der Renaissance des 14.–16. Jahrhunderts führte zwar zu einem Entwicklungsschub der Naturwissenschaften dank neuer Textgrundlagen, der aber noch keinen empirischen, sondern nach wie vor philosophisch-spekulativen, bisweilen sogar esoterischen Charakter hatte. Auch Kopernikus war in erster Linie antiken Autoren verpflichtet. Das lief zwar auf neue optimistische Vorstellungen von der Welt und dem Menschen hinaus, so gut wie nie aber auf ein kirchenfeindliches Neuheidentum, wie man früher glaubte. Auch der entscheidende Durchbruch zur Empirie im 17. Jahrhundert bei Galilei und anderen änderte wenig an der Vereinbarkeit von Glauben und Wissen. Trotz Konflikten blieb Galilei ebenso gläubiger Christ wie Johannes Kepler oder Isaac Newton.

Erst die Aufklärer des 18. Jahrhunderts und die ihnen verpflichtete Moderne haben sich nicht nur von der allgegenwärtigen Autorität der antiken Literatur befreit, sondern auch gegenüber dem christlichen Glauben Autonomie des Denkens und Wissens beansprucht. Viele Protestanten haben sich damit identifiziert und den Protestantismus zum Prinzip des Fortschritts machen wollen, nicht ohne Verluste für den evangelischen Glauben. Es gab aber auch eine sehr wirkungsvolle katholische Aufklärung, die allerdings um 1800 mit den ziemlich unabhängigen Bischöfen Alteuropas zugrunde ging. Paradoxerweise profitierte das reaktionäre

Papsttum insofern von den Folgen der Französischen Revolution und konnte jetzt darangehen, erstmals weltweit seine stramm zentralistische römische Kirche zu verwirklichen. Diese letzte Phase der katholischen Konfessionalisierung war entschieden fortschrittsfeindlich und sollte bis weit ins 20. Jahrhundert so bleiben. Da ungeachtet andersartiger Entwicklung auch die Protestanten weiter auf ihrer konfessionellen Identität beharrten, erreichte die Konfessionalisierung der Massen ihren Höhepunkt zu einer Zeit, als den Eliten Glauben und Wissen längst unvereinbar erschienen. Im 21. Jahrhundert hingegen ist das eine wie das andere gleich fragwürdig geworden.

9. Kapitel

# Columbus und der Rest der Welt

Die sogenannte „Entdeckung Amerikas" durch Christoph Columbus am 12. Oktober 1492 markierte früher zusammen mit Renaissance und Reformation den Beginn der Neuzeit im Sinne eines Ausbruchs der Menschen aus der Enge des Mittelalters – in allen drei Fällen eine höchst fragwürdige Behauptung. Denn in keinem der drei Fälle lässt sich ein Jahrhunderte dauernder Prozess punktuell auf ein Ereignis reduzieren. So gehört auch Columbus in den Zusammenhang jener komplizierten langfristigen Expansion, die wir oben als Grundlage der Geschichte Europas identifiziert haben.

Spätestens bei ihm stoßen wir dabei auf die Schwierigkeit, dass es so gut wie unmöglich ist, diesen Vorgang anders als aus europäischer Perspektive zur Sprache zu bringen, was bei Nicht-Europäern häufig Ärgernis erregt. Das gilt bereits für den Begriff „Nicht-Europäer", ebenso für „Entdeckung", für „Neue Welt", für „West-Indien" und erst recht für „Amerika", das vom Namen des Amerigo Vespucci abgeleitet ist, der die Neue Welt als erster literarisch vermarktet hat. Aber auch alte Namen wie „Indien", „Asien" und „Afrika" gehen auf europäische Ausweitung antiker geographischer Bezeichnungen zurück, während „Indonesien" und „Australien", „Philippinen" und „Neuseeland" europäische Neuschöpfungen darstellen. Akrobatische Sprachreinigungsversuche versprechen wenig Erfolg. Auch kritische Historiker sollten deshalb bei den gewohnten Begriffen bleiben, aber eben immer deren einseitigen Ursprung mit bedenken – deshalb oben „sogenannte Entdeckung".

Cristoforo Colombo aus Genua war in portugiesischen Diensten ein hervorragender Seemann geworden. Er suchte für Spanien Indien im Westen, weil Portugal den Weg rund um Afrika politisch monopolisiert hatte. Er hatte Erfolg, weil er den Erdumfang unterschätzte und Japan dort erwartete, wo Amerika liegt. Möglicherweise hat er bis zum Schluss nicht begriffen, dass er sich nicht in Ostasien befand. Dass er und seine Nachfolger damit die Kugelgestalt der Erde bewiesen hätten, ist Unsinn; das Wissen darum war auch im Mittelalter eine Selbstverständlichkeit. Allerdings fürchteten viele, dass unbekannte Länder von Monstern bewohnt wären.

Columbus verkörpert bereits in seiner Person die Kontinuität der europäischen Expansion. Im Mittelalter bestand diese einerseits in Siedlung in Osteuropa, andererseits in Eroberungen im östlichen Mittelmeergebiet durch die „bewaffneten Wallfahrer" der „Kreuzzüge". Italienische Seestädte wie Pisa, Genua und Venedig waren beteiligt, denn es ging dabei auch um den Handel mit Asiens Gewürzen und Luxuswaren. Nach dem Ende der Kreuzfahrerherrschaften im 13. Jahrhundert behaupteten die Seestädte Besitzungen im Ostmittelmeergebiet, so unter anderen Venedig Zypern und Genua Chios, die erst im 16. Jahrhundert an die Osmanen verloren gehen sollten. Dort wurden von Sklaven Zucker und andere „Kolonialwaren" produziert und Organisations- und Finanzierungsformen für Kolonialherrschaft entwickelt, die noch im 19./20. Jahrhundert eine Rolle spielen sollten. Doch die Italiener, vor allem die Genuesen, suchten auch nach wirtschaftlichen Alternativen und fanden sie im Engagement auf der Iberischen Halbinsel. So haben sie mit Erfahrung und Kapital wesentlich zur Erschließung Atlantischer Inseln wie Madeira und den Azoren sowie zum allmählichen Vordringen der Portugiesen entlang der afrikanischen Küste nach Süden während des 15. Jahrhunderts beigetragen.

Die Leistungen des Columbus als Seemann und Entdecker stehen ebenso außer Zweifel wie seine Frömmigkeit. Als Gouverneur der ersten Kolonie auf der Insel Haiti oder „Hispaniola" war er hingegen ein Versager – und mehr als das. Erst vor Kurzem sind die Akten der gegen ihn geführten Untersuchung wieder aufgetaucht. Danach haben er und seine Brüder ein regelrechtes Terrorregime über Indianer wie Spanier errichtet. *Seine schlimmste Eigenschaft war die Habsucht, die Gier, sich um jeden Preis zu bereichern.* Mit beidem gab er unbeabsichtigt, aber keineswegs zufällig den Ton an für das, was kommen sollte, die Eroberung der Neuen Welt und die Versuche der Europäer, sich die Kontrolle asiatischer Märkte zu sichern.

Von der kastilischen Krone durch Verträge autorisiert, aber privat finanziert, entdeckten und eroberten ebenso wagemutige und fromme wie brutale und goldgierige Abenteurer in wenigen Jahrzehnten Mittel- und Südamerika. Die Schwerpunkte des neuen Kolonialreiches lagen in den Hochländern von Mexiko, Peru und Bolivien, wo Hochkulturen nicht nur Goldschätze, sondern auch arbeitsame Untertanen zu bieten hatten. Nachdem die Schätze geraubt waren, wurden in Mexiko und Bolivien rechtzeitig reiche Silbervorkommen entdeckt, deren Ausbeutung bis zum Ende das Rückgrat des spanischen Imperiums bilden sollte.

Das übrige Amerika war demgegenüber uninteressant, sodass dort nach und nach Spaniens Konkurrenten und Gegner Platz finden konnten. Die Portugiesen setzten sich auf dem Weg nach Ostindien an der Küste Brasiliens fest, wo einstweilen wenig zu holen war. In Nordamerika spielte der Pelzhandel eine gewisse Rolle, bis sich Franzosen in Kanada und Briten an der Ostküste als bäuerliche Siedler niederließen. Schließlich besetzten Engländer, Franzosen, Niederländer und andere verschiedene Inseln der Karibik, die von den Spaniern vernachlässigt worden waren und sich zu einer Art von weichem Unterleib ihres Imperiums entwickelt hatten, wo es angreifbar war. Im 17. Jahrhundert war die Karibik ein Paradies internationaler Piraten.

Unterdessen hatten die Portugiesen Afrika umrundet und 1498 Vorderindien erreicht. In wenigen Jahren eroberten sie Stützpunkte rund um den Indischen Ozean mit dem Zentrum Goa und versuchten mit Terror zur See ein Gewürzhandelsmonopol zu errichten. Zu diesem Zweck stürmten sie Malakka, das Tor zu Ostasien, und drangen zu den Nelken- und Muskatinseln, Amboina und den Molukken vor. Obendrein schufen sie Handelsniederlassungen an der chinesischen Küste und in Japan, wo auch ihre Missionare erfolgreich tätig waren. Obwohl Venedig immer noch Gewürze aus Asien erhielt, dominierte Portugal jetzt den europäischen Gewürzmarkt.

Dabei sollte es nicht bleiben, denn die Niederländer drängten mit Macht ins Geschäft. Als Erfinder der modernen Aktiengesellschaft und verbesserter Schiffe standen ihnen überlegene Mittel zur Verfügung. Sie schufen ihr Zentrum in Batavia, heute Djakarta auf Java. Da Portugal mit ihrem Erbfeind Spanien bis 1640 in Personalunion verbunden war, benutzten sie die Gelegenheit, im frühen 17. Jahrhundert bis auf Goa fast sämtliche Stützpunkte des portugiesischen Handelssystems am Indischen Ozean zu erobern und sich damit das Gewürzmonopol anzueignen. Japan war inzwischen zur Christenverfolgung und Schließung des Landes übergegangen. Nur die Niederländer wurden anstelle der Portugiesen dort noch als Handelspartner akzeptiert.

Allerdings waren in Europa seit dem 17. Jahrhundert neben Gewürzen, Seide und Porzellan vor allem indische Baumwollwaren gefragt. Davon profitierten die Engländer, die sich von den Niederländern aus Java und Japan vertrieben an den vorderindischen Küsten niedergelassen hatten. Ihre Ostindienkompanie, ebenfalls eine Aktiengesellschaft, stieg im 18. Jahrhundert zur führenden Handelsmacht im Osten auf. Das galt auch für den jetzt im Vordergrund stehenden Handel mit chinesischem Tee, den China in Kanton konzentriert hatte. Allerdings waren auch andere europäische Länder mit Ostindiengesellschaften an diesem Geschäft beteiligt, neben Franzosen, Niederländern und Dänen zeitweise auch Österreicher und Preußen.

Der Unterschied zwischen der Errichtung von Kolonialreichen in der Neuen Welt und bloßen Handelssystemen in Süd- und Ostasien ist auf den ersten Blick zu erkennen. Er ergab sich aus den jeweiligen Machtverhältnissen zwischen Europa und dem Rest der Welt. Die Europäer waren zwar als einzige zur Expansion über See in größerem Umfang bereit und besaßen eine Wissenskultur, die sie zur erfolgreichen Auseinandersetzung mit anderen Kulturen befähigte und ihren kommenden wirtschaftlichen Aufstieg durch Industrialisierung begünstigen sollte. Vom 15. bis 18. Jahrhundert kann aber dennoch von einer weltweiten Überlegenheit Europas nicht die Rede sein. Im Gegenteil, in Indien, China und Japan waren sie damals nur geduldet – wenn überhaupt.

Anders in Amerika, dessen Hochkulturen zwar Edelmetalle und Kupfer zu bearbeiten wussten, aber technologisch und militärisch in der Steinzeit verblieben waren und so gut wie keine Haustiere kannten. In Mexiko ist im 4. Jahrtausend v. Chr. unter den angebauten Kulturpflanzen der Mais nachzuweisen, im zweiten ließen sich die Bauern endgültig in festen Dörfern nieder, im ersten entstanden städtische Zeremonialzentren mit ihren Pyramiden. Zahlreiche Stadtstaaten und Reiche mit großartiger Architektur und Kunst lösten sich ab. Im 14. Jahrhundert siedelte sich die kriegerische Nahuagruppe der Azteken in Tenochtitlan (heute Mexiko-Stadt) an und errang im fünfzehnten die Vorherrschaft. Das Reich dieser kriegerischen Hochkultur mit ihren exzessiven Menschenopfern war aber nur ein Tributverband verbündeter und abhängiger Stadtstaaten, dem trotz großer Ausdehnung die territoriale Geschlossenheit fehlte. Daneben gab es unter anderem unabhängige Stadtstaaten der Maya in Guatemala und Yukatan, wo mit der Entwicklung einer Wort-Silben-Schrift und einer hoch entwickelten Kalendermathematik, die vor Europa ein Zeichen für Null kannte, intellektuelle Spitzenleistungen vollbracht wurden.

In Südamerika gab es keine Schrift, dafür aber eine komplexere politische Organisation. Hier wurde an der Küste ebenfalls der Mais, in den Anden die Kartoffel kultiviert. Seit ca. 1200 v. Chr. sind Hochkulturen anzutreffen, seit dem ersten Jahrtausend n. Chr. Reichsbildungen nachweisbar, Moche, später Chimu an der Küste, Tiahuanaco im Hochland. Im 15. Jahrhundert ging vom Hochland um Cuzco die Reichsbildung der Inka aus. Ihr Imperium erstreckte sich schließlich über Küste und Hochland vom heutigen Ecuador bis ins mittlere Chile, mehr als 4000 km Nord-Süd, zusammengehalten durch ein Straßensystem, das allerdings nur für Läufer, Träger und allenfalls Lamakarawanen geeignet war. Das Reich ihres Gottkönigs war straff zentralisiert und organisiert. Das Land war Gemeindeeigentum, die Bergwerke gehörten dem Herrscher. Der Kontrolle und notfalls gewaltsamen Homogenisierung der Bevölkerung entsprach eine umfassende Fürsorge mit Vorratshaltung.

Die spanischen Eroberer, die nur etliche hundert, selten über tausend Mann zählten, waren wahrscheinlich weniger wegen ihrer Feuerwaffen und stählernen Schwerter, Reitpferde und Bluthunde so erstaunlich erfolgreich, sondern dank ihrer verzweifelten Verwegenheit verbunden mit politischem Geschick. Die Bewohner Mexikos waren von der spanischen Ausrüstung bald nicht mehr beeindruckt. Aber Hernán Cortés verstand es, wie er selbst schreibt, die verschiedenen Parteien innerhalb und außerhalb des Aztekenreichs gegeneinander auszuspielen. Nach neueren Forschungen soll er seinen Sieg 1521 sogar eher seinen indianischen Verbündeten als seiner eigenen Truppe zu verdanken haben. Auch das Inkareich war durch einen Bürgerkrieg zwischen zwei Thronanwärtern geschwächt und als es Francisco Pizarro 1533 gelang, den Sieger zu fangen und zu beseitigen, war das Reich ohne Haupt gelähmt und zunächst mithilfe von Marionetten-Inkas leicht zu kontrollieren. Wahrscheinlich war es vielen amerikanischen Völkerschaften, die mit Europäern zu tun bekamen, nicht klar, dass sie etwas anderes vor sich hatten als eine Gruppe fremdartiger, aber nützlicher neuer Mitspieler in ihren ständigen Konflikten.

Asiens Hochkulturen waren demgegenüber technologisch, intellektuell und politisch mindestens auf demselben Stand wie die Europäer und außerdem nie im selben Ausmaß isoliert gewesen wie die amerikanischen. Vorderindien war seit eh und je immer neuen Wellen von Einwanderern aus dem Nordwesten ausgesetzt. Seine als vedisch, später als hinduistisch bezeichnete Kultur brachte seit dem ersten Jahrtausend v. Chr. nicht nur immer neue intellektuelle, philosophische und religiöse Höchstleistungen hervor wie Grammatik und Mathematik (um 600 n. Chr. das Zeichen Null) einerseits, den Buddhismus andererseits, sondern zwischen 300 v. und 500 n. Chr. auch verschiedene Großreiche, die allerdings nie den gesamten Subkontinent beherrschten. Im 8. Jahrhundert ließen sich Muslime im Westen nieder, im zwölften eroberten sie Nordindien, wo künftig das Sultanat von Delhi den Ton angab und den Buddhismus endgültig verdrängte. Seit 1526 setzte sich dort abermals von Afghanistan aus eine muslimische Dynastie mongolischer Herkunft durch und gründete das sogenannte Mogulreich, das eine blühende islamische Kultur hervorbrachte, trotz religiöser Experimente seines größten Herrschers Akbar (1556–1605). In Südindien existierte ca. 1350–1565 das letzte hinduistische Großreich von Vijayanagara, das im Krieg mit mittelindischen muslimischen Sultanaten unterging. Von diesen Konflikten profitierten die Portugiesen bei ihrem Eintreffen. Später mussten sie und ihre Nachfolger sich mit dem Mogulreich arrangieren, das 1691 faktisch den gesamten Subkontinent kontrollierte. Für die Europäer entscheidend war, dass keines dieser Reiche maritimen Ehrgeiz entwickelte!

Das galt inzwischen auch für China, das 1405–1433 noch sieben große Flottenexpeditionen bis nach Afrika und ins Rote Meer durchgeführt hatte. Die chinesische Hochkultur lässt sich bis ins 3. vorchristliche Jahrtausend zurückverfolgen. 221 v. Chr. wurden die verschiedenen Reiche von Qin Shihuangdi gewaltsam geeinigt und mit dem Titel „Huangdi" das chinesische Kaisertum errichtet, das ungeachtet wechselnder Dynastien und gelegentlicher Teilungen bis 1912 andauern sollte. Die Regierung wurde auf die ethischen und politischen Grundsätze des Konfuzianismus gegründet, die von der Beamtenelite durch ein Prüfungssystem verinnerlicht werden mussten. Ihre Vollmachten reichten weit, aber die Kontrolle war scharf oder sollte es wenigstens sein. Seit Khubilai Khan (1259–1294) herrschten auch hier Nachkommen des mongolischen Welteroberers Tschingis Khan, bis sie in einer wirtschaftlichen und politischen Krise um 1350 von der einheimischen Ming-Dynastie verdrängt wurden. Krisen dieser Art ließen sich vom Sieger als Übertragung des „Mandats des Himmels", des Herrschaftsauftrags, an eine neue Dynastie deuten. Den Ming widerfuhr 1633–1644 dasselbe, als sie von den Beherrschern der Mandschurei als Qing-Dynastie abgelöst wurden. Damit war die Abschottung der Ming nach Norden durch die „große Mauer" hinfällig. Die bedeutenden Qing-Kaiser Kangxi (1662–1722) und Qianlong (1736–1795) betrieben stattdessen imperialistische Politik und vergrößerten das Reich im Norden und Nordosten auf mehr als das Doppelte. Die Europäer galten den Chinesen, die sich buchstäblich als kulturelles und politisches Zentrum der Welt begriffen, als Barbaren, die man sich am besten vom Leib hielt, auch wenn zugunsten von Jesuitenmissionaren, die man als Mathematiker und Techniker brauchen konnte, Ausnahmen gemacht wurden. Die Waren der Barbaren hingegen benötigte man nicht; demgemäß wurde der Außenhandel beschränkt und streng kontrolliert.

In Japan entstand schon vor 500 n. Chr. ein Kaisertum, das seit der zweiten Hälfte des ersten nachchristlichen Jahrtausends den Buddhismus und ein Beamtensystem chinesischen Musters übernahm. Die weitere Entwicklung verlief freilich mit vielerlei Brüchen. Schon im 12. Jahrhundert wurde der Kaiser auf eine zeremonielle Rolle reduziert, ein erblicher „Oberbefehlshaber" (*shogun*) regierte statt seiner. Als 1543 die ersten Portugiesen und 1549 die ersten Missionare auftauchten, war auch der Shogun entmachtet; Japan zerfiel in zahlreiche Fürstentümer, von denen manche sich geschickt der Europäer zu bedienen wussten. Doch als drei sich ablösende Kriegsherren die Einheit wiederhergestellt hatten und das neue Shogunat der Familie Tokugawa errichtet war, wurden die Ausländer nicht länger als nützlich, sondern als Bedrohung empfunden und das Land geschlossen.

In Hinterindien und auf den „Indonesien" genannten Inseln existierten verschiedene von der indischen oder der chinesischen Kultur geprägte Reiche, mit denen sich die Europäer ebenfalls arrangieren mussten. Soweit es sich um Moslems handelte, spielte sich gerne das traditionelle Feindverhältnis der Portugiesen zu den „Mouros" ein, das damals vor allem die Beziehungen zu Marokko charakterisierte. Die islamische Welt Vorderasiens hatte sich bis zur Neuzeit auf zwei Großmächte reduziert. Das Osmanische Reich, das nach der Eroberung Ägyptens 1517 auch den Weg nach Indien kontrollierte, wurde seit dem Fall Konstantinopels 1453 und den Belagerungen Wiens 1529 und 1683 als ständige Bedrohung des Abendlandes empfunden. Iran, das längere Zeit ebenfalls von mongolischen Dynastien beherrscht wurde, erlebte unter der neuen Dynastie der Safawiden seit 1501 einen Wiederaufstieg, der in Abbas I. (1588–1629) gipfelte. Verschiedene Europäer versuchten mit ihm ins Geschäft zu kommen. Da die Safawiden im Gegensatz zu den sunnitischen Osmanen Schiiten waren, spielte sich eine geopolitische Erneuerung des einstigen politischen und religiösen Gegensatzes zwischen dem Sassanidenreich und dem Imperium Romanum ein.

10. Kapitel

# Völkermörder und Sklavenhändler

Anlässlich des „Columbusjahres“ 1992 kam es zu diplomatischen Spannungen zwischen Deutschland und Spanien, weil viel gelesene deutsche Autoren nicht nur die sogenannte „Entdeckung“ in Frage stellten, sondern die Spanier z. T. unter ausdrücklichem Bezug auf deutsche Judenvernichtungslager des Völkermords an den Indianern beschuldigten. Mindestens 12, möglicherweise aber sogar 20 Millionen Menschen sollen die Konquistadoren getötet haben. Völkermord (*Genocide*) wurde unter dem Eindruck der nationalsozialistischen Verbrechen 1948 von der UNO geächtet. Er besteht in der planmäßigen und systematischen Vernichtung von nationalen, ethnischen, rassischen oder religiösen Gruppen. Auf Stalins Intervention hin wurden politische Gruppen nicht einbezogen. Unter diesen Umständen erscheint es zumindest taktlos, wenn ausgerechnet Deutsche anderen Völkermord vorwerfen. Aber 12-20 Millionen sind eben mehr als 6 Millionen und „Alibi“ heißt auf Deutsch „Anderswo“... Außerdem haben die deutschen Konquistadoren in Venezuela, solange diese Kolonie dem Augsburger Handelshaus Welser gehörte, dieselben Untaten begangen wie die spanischen.

Denn dass die Conquista voll von Verbrechen war, mit Raub und Schändung, mit Folter und Mord einherging, steht außer Zweifel. Und was darauf folgte, dürfte oft nicht viel besser gewesen sein. Theoretisch waren die Eingeborenen zwar gleichberechtigte Untertanen der spanischen Krone, praktisch aber wurden sie häufig hemmungslos ausgebeutet, was ebenfalls zum Bevölkerungsrückgang führte. Nachdem schon bald ihre Versklavung verboten worden war – die Krone fürchtete den Verlust ihrer Untertanen –, wurden sie durch die sogenannte *Encomienda* weiterhin Spaniern als Arbeitskräfte zugeteilt, theoretisch gegen Unterhalt, Lohn und Unterweisung im christlichen Glauben, praktisch aber oft ein System, das sich von der Sklaverei nur dadurch unterschied, dass solche Arbeitskräfte zunächst unschwer durch Neuzuteilung ersetzt werden konnten, während man Sklaven immerhin kaufen musste. Nachdem die Krone auch die *Encomienda* eingeschränkt und abgeschafft hatte, zum Schutz der Indianer und um die Entstehung von Feudalherrschaften in der Neuen Welt zu verhindern, blieb es bei anderen Formen der Zwangsarbeit, etwa der nach Vorbild der Inkas eingeführten Fron (*Mita*) in den Bergwerken Perus, häufig unter entsetzlichen Bedingungen. In Peru hatten die Spanier mit einem Aufstand auf die Einschränkung der *Encomienda* reagiert. Denn kein Spanier, der in die Neue Welt auswanderte, wollte dort Bauer werden oder andere untergeordnete Arbeit verrichten; dazu gab es die „Indios"!

Zugleich ereignete sich eine demographische Katastrophe. Die Bevölkerungszahl im Jahr 1492 können wir nur schätzen. Zwischen sieben und 100 Millionen werden für das spätere Spanisch-Amerika veranschlagt; 35 Millionen gelten als plausibel. Um 1650, als ein langsamer Wiederanstieg der Bevölkerungszahl begann, waren es noch vier Millionen. Von der zuerst entdeckten Insel Hispaniola (Haiti) und den meisten anderen Inseln der Karibik verschwanden die Indios total. Für Mexiko und Peru ist von 90 Prozent Bevölkerungsverlust die Rede. Die Ermordung von solchen Menschenmassen war den Konquistadoren aber schon „technisch" nicht möglich, ganz davon abgesehen, dass Völkermord nicht in ihrem Interesse lag, weil sie die Indios als Arbeiter brauchten.

Ungeachtet all ihrer Verbrechen waren nicht die Konquistadoren die Massenmörder, sondern die Krankheitskeime, die sie unbeabsichtigt mitbrachten. Möglicherweise wurden während der Einwanderung der Vorfahren der Indianer mitgebrachte Krankheitskeime durch das Eis des Nordens abgetötet. Zum Zeitpunkt der Entdeckungen fehlte es ihnen jedenfalls an Immunität gegen zahllose Krankheiten, die in Eurasien selbstverständlich waren. Pocken, Masern, Diphtherie, Keuchhusten, Windpocken, Beulenpest, Scharlach, Malaria, Grippe und sogar „harmlose" Erkältungen forderten unzählige Opfer. Im Inkareich und an der Ostküste Nordamerikas hatten die Pocken schon gewütet, bevor die Europäer selbst dort auftauchten.

Für manche englische Siedler hatte eben der Herr seinen Engel mit dem Flammenschwert vor ihnen hergeschickt, um Platz für sie zu schaffen! Denn die Engländer suchten nicht arbeitende Untertanen wie die Spanier, sondern freies Land, das sie selbst bewirtschaften wollten. Deshalb waren ihnen die Indianer als Inhaber des Landes im Weg und hatten zu verschwinden. Aus diesem praktischen Interesse haben sie und ihre Nachkommen, die US-Amerikaner, sich viel eher als die Spanier des Völkermordes schuldig gemacht. Bei ihnen lässt sich später auch der gezielte Einsatz von Infektionen nachweisen, eine Art von biologischer Kriegführung gegen die Indianer, etwa durch mit Pockenkeimen verseuchte Decken. Allerdings wollten sie das lange nicht wahrhaben und luden den Vorwurf des Völkermords daher bei den verachteten Spaniern ab.

Den Spaniern war der Zusammenhang ursprünglich nicht klar, aber die Bevölkerungskatastrophe war nicht zu übersehen. Daher hat der spanische Dominikaner Bartolomé de Las Casas (1474–1566), der zusammen mit seinen Ordensbrüdern erfolgreich für die Indios kämpfte und z. T. die erwähnten formalrechtlichen Verbesserungen zu ihren Gunsten bei der Krone durchgesetzt hatte, in einer polemischen Streitschrift gegen die spanische Kolonialherrschaft, dem „Kurzen Bericht von der Zerstörung Indiens [Amerikas]" (*Brevísima relación de la destruyción de las Indias*, 1552) mit der zeitüblichen Großzügigkeit im Umgang mit Zahlen von zwölf Millionen Opfern der Konquistadoren geschrieben. Koloniale Selbstkritik dieses Kalibers hat es jahrhundertelang bei keiner anderen Kolonialmacht gegeben. Doch die Spanier wussten diesen Ruhmestitel nicht zu schätzen. Stattdessen wurde Las Casas von Spaniens Feinden begeistert rezipiert; seine Massenmordthese wurde Bestandteil der Propaganda gegen die in Italien, im Reich, den Niederlanden und England gleichermaßen verhassten Spanier, die bei den Spaniern „schwarze Legende" (*Leyenda negra*) heißt. Werke von Goethe und Schiller machten sie in Deutschland populär. Wilhelm von Oranien, der Führer des niederländischen Freiheitskampfes gegen Spanien, hatte die zwölf Millionen großzügig auf 20 aufgerundet. Die Frankfurter exil-niederländische Firma Theodore de Bry lieferte einschlägige Illustrationen, polemisch und frei erfunden, aber von hoher ästhetischer Qualität, die daher bis heute als authentische Darstellungen der Conquista gelten. Seither wurde jeder Krieg mit Spanien von seinen Gegnern mit Neuauflagen und Übersetzungen des „Kurzen Berichts" begleitet, zuletzt noch der Konflikt mit den USA 1898!

Zum Schutze der Indios vor Ausbeutung hatte Las Casas einst vorgeschlagen, den Arbeitskräftebedarf stattdessen durch die Einfuhr afrikanischer Sklaven zu decken, allerdings diese Idee bald bereut und widerrufen. Aber die Wirtschaft brauchte für den atlantischen Sklavenhandel und die Sklavenhaltung in der Neuen Welt keinen Las Casas; die Sache ergab sich von selbst. Auch hier gibt es frei erfundene Zahlen, die einer beim anderen abschreibt, obwohl in diesem Fall längst ziemlich zuverlässige Berechnungen vorliegen.

Danach wurden vom 16. bis 19. Jahrhundert ca. 11,6 Millionen Afrikaner nach Amerika verschifft, ca. 9,6 Millionen dort verkauft; der Rest starb unterwegs infolge der entsetzlichen Verhältnisse auf den Sklavenschiffen während der sogenannten *Middle Passage*. Gern wird übersehen, dass damit zumindest bis zum späten 18. Jahrhundert mehr Afrikaner zwangsweise in Amerika eingewandert sind als Europäer freiwillig,

Die Gräuel der Conquista nach Theodor de Bry: *Die Stadt Cuzco, so die reichste im ganzen Königreich Peru, wird von den Spaniern eingenommen*

ca. 10 gegenüber ca. 6 Millionen! Erst im 19. Jahrhundert kommt es zur europäischen Massenauswanderung von ca. 60 Millionen Menschen, überwiegend in die USA, daneben aber auch in die Siedlungskolonien des Britischen Empire wie Kanada, Australien, Neuseeland, Südafrika und in Teile Lateinamerikas.

Im Ergebnis sind die Inseln der Karibik heute überwiegend von Afroamerikanern bewohnt, während Länder wie Brasilien, Cuba und die USA einen starken afroamerikanischen Bevölkerungsanteil aufzuweisen haben. Vom 16. bis 19. Jahrhundert hatte die Karibik 47,8 Prozent der Sklavenimporte erhalten, Brasilien 38,1 Prozent, das gesamte spanische Amerika 7,8 Prozent und die späteren USA nur 4,5 Prozent. Allerdings tauchen die Wiederexporte aus der Karibik nach Hispano-Amerika in diesen Zahlen nicht auf. Mehr als die Hälfte aller Sklaven wurde im 18. Jahrhundert verkauft. Damals waren die Briten mit 41 Prozent die führenden Sklavenhändler, gefolgt von den Portugiesen mit 29 Prozent, den Franzosen mit 19 Prozent, den Niederländern mit 6 Prozent und den Nordamerikanern mit 3 Prozent. Darüber hinaus drängten die meisten seefahrenden Nationen mehr oder weniger erfolgreich in dieses Geschäft, so die Dänen, die Kurländer und auch die Brandenburger. Liverpool war damals der führende britische Sklavenhändlerhafen, lebte aber nicht ausschließlich von diesem Geschäft, im Gegensatz zum französischen Nantes, das sich weitgehend darauf spezialisiert hatte.

Solange die Portugiesen dank Vertrag mit Kastilien das Monopol des Afrikahandels innehatten, waren sie vom 15. bis frühen 17. Jahrhundert auch Monopolisten des Sklavenhandels, einschließlich des *Asiento,* des ausschließlichen Rechts, Spanisch-Amerika zu beliefern, das später durch europäische Friedensverträge an die jeweils führende Sklavenhändlernation übergehen sollte. Die Portugiesen hatten die Rohrzuckerproduktion auf Plantagen aus dem Mittelmeergebiet auf die Inseln des Atlantiks und schließlich nach Brasilien verpflanzt, wo es Land im Überfluss, aber angesichts der dünnen Indianerbevölkerung nicht genug Arbeitskräfte gab. Der Rückgriff auf afrikanische Sklaven bot sich an. Wie zuerst die Niederländer, dann die Engländer und Franzosen die

Portugiesen seit den Kriegen des 17. Jahrhunderts am Indischen Ozean zurückdrängten, so auch im Sklavenhandel an der Westküste Afrikas. Vorübergehend eroberten die Niederländer im 17. Jahrhundert sogar sowohl das brasilianische Zuckergebiet als auch Angola, das den Portugiesen Sklaven lieferte. Anschließend sorgten sie dafür, dass die Zuckerproduktion auf den Inseln der Karibik übernommen und die sklavenbetriebene Plantage auch dort eingeführt wurde. Daraufhin entwickelten sich die britischen Inseln Barbados und Jamaica, die französischen Guadeloupe, Martinique und Saint-Domingue (heute Haiti) zu den Zentren des Weltzuckergeschäfts.

Plantagen-Amerika, das sich von Brasilien über die Küsten und Inseln der Karibik bis in den Süden der späteren USA erstreckte, wo kein Zucker, sondern Reis und Tabak, später aber Baumwolle angebaut wurden, war das erste Agrobusiness, die erste künstliche Wirtschaftswelt der Geschichte, die sich mit den Sklaven sogar ihre eigene Bevölkerung schuf. Das Ernten und Auspressen des Zuckerrohrs und das Einkochen des Saftes musste unter extremem Zeitdruck erfolgen. Streckenweise wurde fast rund um die Uhr gearbeitet. Entsprechend hart waren die Arbeitsbedingungen, entsprechend brutal das Sklavereiregime. Dass sich die Sklavenbevölkerung nicht selbst reproduzieren konnte, hängt aber dennoch weniger mit dem „Verschleiß" an Menschen zusammen, als mit der Zusammensetzung der Sklavenpopulation. Es trifft nicht zu, dass ein Sklave im Durchschnitt höchstens sieben Jahre zu leben hatte. Vielmehr waren die importierten Sklaven überwiegend Männer oder Frauen, die ihre fruchtbarste Zeit schon hinter sich hatten; außerdem war das Arbeitssystem nicht familienfreundlich. Aber es scheint, als seien die Sklaven in der Karibik und vor allem diejenigen in den späteren USA besser ernährt gewesen als viele freie Afrikaner zuhause.

Doch selbst wenn sich bisweilen auf einer Plantage durchaus leben ließ und die Afrikaner trotz unterschiedlicher Herkunft dabei immerhin kulturell, vor allem musikalisch (Jazz) und religiös (*Voudou, Candomblé*) höchst kreativ sein konnten, so waren sie doch ständig der potentiellen Willkür und brutalen Repression der Sklavenhalter ausgesetzt, von der möglichen reihenweisen Vergewaltigung ihrer Mädchen und Frauen ganz zu schweigen. Dass die Sklaverei alles andere als eine Idylle war, beweisen unter anderem die zahlreichen Aufstände und Flüchtlinge (*Maroons*), die häufig im schwer zugänglichen Landesinnern eigene Gemeinwesen (*Quilombos, Palmares*) gründeten. Gerne wird vergessen, dass im Zeichen der Französischen Revolution 1791 ein großer Sklavenaufstand in Saint-Domingue (Haiti) ausbrach, der trotz Rückschlägen 1803 zur Unabhängigkeit eines afroamerikanischen Landes führte – die zweite Dekolonisation nach den USA und die erste „farbige"! Allerdings gab es in der Regel keine „Rassensolidarität". Wie die Indianergruppen zur Zeit der Conquista die Spanier gegen ihre jeweiligen Feinde zu benutzen gedachten und dabei ihre Unabhängigkeit verloren, so war es zum Beispiel durchaus möglich, Scharfschützen aus einer Maroonsiedlung anzuheuern, um aufständische Sklaven zu liquidieren.

Insofern ist es nicht weiter erstaunlich, dass die Sklaven in Afrika in den seltensten Fällen von den weißen Schiffern gefangen, sondern in der Regel von professionellen afrikanischen Sklavenjägern und -händlern gekauft wurden. Diese Leute waren als Anbieter gegenüber den weißen Nachfragern in der stärkeren Position. Sie wussten die Weißen gezielt von ihren „Jagdgründen" fernzuhalten und legten ihnen gegenüber beträchtliches geschäftliches Geschick an den Tag. Im Hinterland der Guineaküste gab es sogar verschiedene umfangreiche afrikanische Gemeinwesen wie zum Beispiel Dahomey, die vom Sklavenhandel, wenn vielleicht auch nicht ausschließlich lebten, so doch erheblich profitierten. Es wäre anachronistisch, von diesen Händlern eine Art gesamtafrikanischer Solidarität zu erwarten.

Sicherlich haben manche Gebiete vor allem in Angola durch den Sklavenhandel schwerste Verwüstungen und Bevölkerungsverluste erlitten. Außerdem sollte man auch nicht übersehen, dass gleichzeitig mit dem atlantischen ein sehr viel älterer Sklavenhandel mit der Welt des Islam einherging, über den wir weniger genau Bescheid wissen. Angeblich wurden von 650 bis 1920 17 Millionen Afrikaner in jene Länder verkauft, vom 16. bis 19. Jahrhundert immerhin 5,15 Millionen. Es ist aber dennoch nicht auszuschließen, dass sich das Geschäft mancherorts wirtschaftlich positiv auswirkte – ungeachtet des unsäglichen menschlichen Elends, das für die Betroffenen damit verbunden war. Möglicherweise hat der Sklavenhandel Afrika von Bevölkerungsdruck entlastet wie später die freiwillige Auswanderung Europa. Und es waren sicher nicht zufällig die Länder der ehemaligen Sklavenhändler Westafrikas, die sich als Vorreiter der Modernisierung und der Dekolonisation erwiesen.

Für die Europäer war das Geschäft attraktiv, weil einzelne Reisen immer wieder märchenhafte Gewinne einbrachten. Dem standen allerdings auch schwere Verluste gegenüber, sodass Risikostreuung angesagt war. Für das spätere 18. Jahrhundert hat man für Nantes einen Durchschnittsgewinn von 7,7 Prozent, für Liverpool von 9,5 Prozent ermittelt. Das Geschäft trug zur Expansion der Handelsschifffahrt bei. Das war aber bei Weitem nicht alles, denn die Sklaven wurden in Afrika mit Waren bezahlt, mit Textilien und Metallwaren, unter anderem Musketen, mit Tabak und Schnaps, nicht zuletzt aus Abfällen der Zuckerproduktion erzeugtem Rum. Deren Herstellung konnte wirtschaftliches Wachstum auslösen, etwa für die Metallindustrie von Birmingham oder die Destillerien von Neu-England.

Nicht verifiziert werden konnte eine These des späteren Ministerpräsidenten von Trinidad Eric Williams, die akkumulierten Profite der Zuckerpflanzer und Sklavenhändler hätten die industrielle Revolution Großbritanniens finanziert. Diese Gewinne wurden eher traditionell investiert; das industrielle Kapital war anderer Herkunft. Williams hat außerdem behauptet, das Verbot des Sklavenhandels 1807 und die Abschaffung der Sklaverei 1833 durch Großbritannien seien ökonomisch als Maßnahmen gegen Überproduktion zur Wiederherstellung der Rentabilität zu erklären. Dahinter steckt die Doktrin des Adam Smith, Sklaverei gehöre zu einer von der Marktwirtschaft überholten Form des Wirtschaftens. Inzwischen wurde aber nachgewiesen, dass Sklavenbetriebe bei entsprechenden Rahmenbedingungen durchaus auch unter dem Kapitalismus rentabel sein können. Immerhin haben die USA die Sklaverei erst 1865 nach einem Bürgerkrieg abgeschafft, Spanien für Kuba erst 1886, Brasilien sogar erst 1888.

Für unser menschenrechtsbewusstes Zeitalter ist schwer zu verstehen, warum jahrhundertelang kaum jemand an Sklaverei und Sklavenhandel Anstoß genommen hat. Es gab heroische Sklavenmissionare unter den Jesuiten, aber dieser Orden und die Großkirchen überhaupt hielten selbst Sklaven und fanden nichts dabei. Nur Quäker, Baptisten und Evangelikale nahmen dagegen Stellung. Der Aufklärer Montesquieu lehnte sie ab, andere Aufklärer wie Locke oder Jefferson waren selbst beteiligt. Nach ihrer epochalen Menschenrechtserklärung emanzipierte die Französische Revolution rasch die Protestanten, etwas langsamer die Juden und nur zögernd endlich 1794 die Sklaven, die sich auf Haiti bereits selbst die Freiheit genommen hatten. Napoleon führte die Sklaverei dann wieder ein, erst die Zweite Republik schaffte sie 1848 endgültig ab.

Wahrscheinlich spielte Rassismus dabei eine wichtige Rolle. Schwarzhäutige Menschen galten schlicht als minderwertig. Und das Merkmal Hautfarbe ist im Gegensatz zu anderen einfach nicht zu übersehen. Aristoteles hatte die allgemein menschliche Xenophobie in eine „wissenschaftliche" Minderwertigkeitslehre verwandelt, aber noch ohne Rücksicht auf die Hautfarbe. Diese kam erst ins Spiel, als die Afrikaner massenweise versklavt wurden. Vorher galten sie durchaus als vollwertige Menschen. Dass nicht der Hautfarbenrassismus die Afrikanersklaverei, sondern die Afrikanersklaverei den Hautfarbenrassismus hervorgebracht hat, wird dadurch bestätigt, dass Hautfarbe als Merkmal für Minderwertigkeit vor Europa bereits in der islamischen Welt auftaucht, die ja lange vor den Europäern Sklaven aus Afrika bezog.

11. Kapitel

# Der Aufstieg des modernen Staates in Europa

Europäische Kolonialherrschaft in Übersee lief bisweilen auf politische Organisationsformen hinaus, die sich in Europa nicht durchsetzen ließen. Spanisch-Amerika sollte eine auf Stadtgemeinden aufgebaute, aber bürokratisch kontrollierte Monarchie sein, ohne die mächtigen Adelsherrschaften und die Mitbestimmungsansprüche von Untertanen in den sogenannten „Ständeversammlungen" (*Cortes*), mit denen sich die Krone im Mutterland auseinandersetzen musste. „Absolutismus" nannte man das später. In Britisch-Nordamerika hingegen konnten Untertanen wegen des geringen Engagements der Krone versuchen, autonome Gemeinwesen mit Selbstverwaltung und religiöser Selbstbestimmung zu errichten, wie es sie in England nicht gab. Später wurde „Demokratie" daraus. Koloniale Expansion setzte eben nicht nur die Entfaltung von Wirtschaft, Technik und Schifffahrt voraus, sondern auch ein entwickeltes politisches Gemeinwesen, im Rückblick gesprochen, bestimmte Fortschritte auf dem Weg zum modernen Staat.

Nach dem Ende des Römischen Reiches fielen die zukünftigen Europäer, die Germanen, Romanen und Slawen, nicht nur kulturell und religiös, sondern auch politisch in primitive Zustände zurück und es war alles andere als ausgemacht, dass nicht die Chinesen oder die Moslems, sondern ausgerechnet die Europäer den modernen Staat erfinden und über die ganze Welt verbreiten würden. Denn auch die politisch ursprünglich höher entwickelten Chinesen und Japaner, Inder und Moslems haben dann bis zum 20. Jahrhundert überall diese europäische „Errungenschaft" übernommen. Der Staat ist nämlich keineswegs uranfänglich und von Natur gegeben, sondern das Ergebnis von gewissen historischen Voraussetzungen und vielerlei historischen Zufällen. Nur vom Ergebnis her gesehen, scheint es sich um eine zielgerichtete Entwicklung zu handeln, aber das ist eine Verzerrung der Perspektive. Allerdings ist so viel richtig, dass man nicht ohne Weiteres hinter einen einmal erreichten Entwicklungsstand des Gemeinwesens zurück konnte. Aber nicht der Staat ist eine anthropologische Notwendigkeit, sondern viel bescheidener irgendeine Organisation der politischen Macht, die es immer gibt, weil Menschen nun einmal ungleich sind. Dazu gibt es viele Möglichkeiten; der moderne Staat ist nur eine davon.

Die Königreiche der Völkerwanderungszeit und des frühen Mittelalters kannten zwar Amtsträger wie Herzöge und Grafen, Richter und Königsboten, waren aber dennoch höchst instabile Gebilde. Mancherorts wurden Könige fast regelmäßig ermordet. Das hing mit der ungeregelten Nachfolge zusammen. Reiche wurden unter Erben geteilt wie Landgüter, konkurrierende Anwärter fochten Erbfolgekriege aus. Amtsträger machten sich selbstständig, wenn sie nicht ohnehin ihre Befugnisse als autonome Familienherrschaft betrachteten und nicht vom König herleiteten, den sie höchstens als Ersten unter Ihresgleichen betrachteten. Denn Europa war zunächst als bunter Teppich adeliger Herrschaften organisiert – aus heutiger Perspektive würde man eher sagen: desorganisiert. Eingesprengte Güter von Bischöfen und Klöstern änderten nichts daran.

Erst im Zuge der allmählichen Bevölkerungszunahme kam eine zweite Komponente hinzu, die Gemeinde. Einerseits entstanden durch Zusammensiedlung zahllose Dörfer, die überwiegend zu den adeligen Herrschaften gehörten, aber oft eine gewisse Selbstverwaltung genossen – das war am einfachsten und billigsten für die Herren. Andererseits entwickelten sich Bischofssitze und Kaufmannsniederlassungen zu Städten oder es wurden von Königen und Herren gezielt neue Städte gegründet und mit allerhand Vorrechten ausgestattet. Viele königliche und bischöfliche Städte errangen auf die Dauer eine beträchtliche Selbstständigkeit. Deutsche Reichsstädte wie Augsburg waren am Ende beinahe, Schweizer und italienische Städte wie Bern oder Florenz sogar vollständig unabhängig. Es ist kaum übertrieben, von einem Europa der tausend Könige und zehntausend Republiken zu sprechen.

Diese Vielfalt wurde von der geographischen Kleinteiligkeit Europas begünstigt, das im Gegensatz zu anderen Kontinenten nur im Osten weiträumige Ebenen aufzuweisen hat. Europa war und ist pluralistisch; seit den Karolingern hat hier niemand mehr auf Dauer ein Großreich behaupten können, weder der Habsburger Kaiser Karl V. noch Napoleon Bonaparte noch Adolf Hitler. Da die adeligen Herren von Haus aus kampfesfrohe Krieger waren, führte diese Pluralität zu ständigen Konflikten. Langfristig gewannen dabei einige wenige die Oberhand, vernichteten oder unterwarfen ihre Rivalen ebenso wie die meisten Städte. Von den tausend Königen blieben zwei bis drei Dutzend übrig, aus deren Reichen dann zum größeren Teil moderne Staaten entstanden. Zwischen ihnen pendelte sich ein System ein, weniger ein Gleichgewicht, wie behauptet wurde, als eine Art stabile Instabilität. Denn sie führten bis ins 20. Jahrhundert weiter Kriege miteinander, waren aber nur selten stark genug, sich gegenseitig zu vernichten. Im 18./19. Jahrhundert dominierte schließlich die sogenannte „Pentarchie“ („Fünferherrschaft“) der fünf Großmächte England, Frankreich, Russland, Österreich und Preußen (seit 1871 Deutsches Reich), die mit den Übrigen ziemlich rücksichtslos umspringen konnten – wenn sie sich einig waren.

Vom Wachstum der werdenden Staatsgewalt her gesehen, ist der moderne europäische Staat ein Machtstaat, das heißt aber vor allem ein Kriegsstaat. Man könnte die europäische Geschichte seit dem Mittelalter geradezu als einen ständigen Rüstungswettlauf betrachten. Alles kam darauf an, sich ständig gegen bedrohliche Nachbarn zu behaupten, stärker zu sein als sie und ihnen gegebenenfalls mit dem Angriff zuvorzukommen. Deshalb gehörte äußere Expansion dazu, vor allem aber Machtsteigerung im Inneren, insbesondere durch immer umfassendere Verfügung über die Ressourcen des Landes. Dazu musste der „staatliche" Apparat ausgebaut werden, was ebenso wie der Ausbau der Streitkräfte und der Krieg wieder neue Kosten verursachte. Dadurch wurde eine Spirale in Gang gesetzt, die der eigentliche Antrieb der Staatsbildung gewesen ist. Der Soldat und der Steuereinnehmer haben zusammen am modernen Staat gebaut.

Der europäische Staat ist also nicht im Dienste der kapitalistischen Wirtschaft entstanden, wie die Marxisten meinten. Umgekehrt, diese war als intensive Form der Ressourcenmobilisierung eine Voraussetzung seines Wachstums. Ebenso wenig wurde er im Dienste des Rechts von seinen Untertanen durch Verträge geschaffen. Er legitimierte sich zwar durch Rechtspflege und in manchen Fällen in der Tat durch Verträge mit den Untertanen; Rechts- und Vertragsverletzungen konnten sogar die Absetzung von Herrschern rechtfertigen. Denn der werdende Staat verfügte nicht wie heute über das Recht; sein Herrscher mochte Gerichtsherr sein, aber er war nicht Herr des Rechts. Im Gegenteil, er stand zunächst nicht über, sondern unter dem Recht und wurde an der Idee der Gerechtigkeit gemessen. Die fiktive Begründung des Staates durch Vertrag und Recht ist insofern eine naheliegende Erfindung politischer Theoretiker, die sich hervorragend zur Verschleierung der wirklichen Triebkräfte eignet. Denn diese liegen im egoistischen Willen zur Macht und erfolgreichen

Machtmanagement adeliger Herren, die sich meist durch wenig Skrupel auszeichneten.

Allerdings war es mit einzelnen Machtmenschen nicht getan; deren Werk überlebte selten. Es bedurfte des kontinuierlichen Machtwillens einer Dynastie von tüchtigen Fürsten wie in Brandenburg-Preußen 1640–1786. Auch die Gegenproben stechen: Schwache Könige wie 1559–1589 in Frankreich, Aussterben der Dynastie wie 1700 in Spanien, weibliche Thronfolge wie 1740 in Österreich lösten Krisen und (Bürger-)Kriege aus. Die Autorität ehrwürdiger Kronen in England, Frankreich und Spanien, hie und da gesteigert zur Sakralität, verschaffte deren Trägern einen Wettbewerbsvorteil bei der Staatsbildung. Aber die äußerst erfolgreichen Habsburger und Hohenzollern waren von Haus aus nichts als gewöhnliche Adelige gewesen. Republiken wie Venedig, die Eidgenossenschaft und die Niederlande konnten zwar vorübergehend beträchtliche Macht entfalten, sind aber in keinem Fall Vorstufen moderner Machtstaaten geworden, weil es oligarchischen Regimes am kontinuierlichen politischen Willen fehlen muss. Auch bei den Niederlanden führte der Weg zum modernen Staat über die Monarchie.

Allerdings ließ sich dynastischer Machtwille nur mit Hilfe einer Machtelite durchsetzen, die das Wachstum der Staatsgewalt im eigenen Interesse zu ihrer Sache machte. Ursprünglich rekrutierten Europas Fürsten ihre Helfer aus den Herrschaftsständen Adel und Klerus. Aber diese Leute waren oft unabhängig genug, um nicht vollkommen zuverlässig zu sein. Demgegenüber hatten die im Hochmittelalter aufkommenden Juristen städtischer Herkunft im Fürstendienst ihren Status und sozialen Aufstieg ausschließlich ihrem Herrn zu verdanken und waren dementsprechend von ihm abhängig. Sie wurden auf diese Weise zur politischen Klasse des modernen europäischen Staates und sind es bis heute geblieben. Solange es nur unvollständig durchorganisierte Vorstufen des modernen Staates gab, erfreuten sich die Korporationen der Juristen allerdings einer gewissen Unabhängigkeit vom Herrscher, so dass sie in England und Frankreich sogar zu Revolutionen beitragen konnten. Aus dem Anspruch eines englischen Juristen, dass gesammelter juristischer Sachverstand nicht nur königliche Entscheidungen, sondern auch Gesetze des Parlaments auf ihre Rechtmäßigkeit prüfen könne, sollten sich die Befugnisse der Verfassungsgerichtsbarkeit ergeben.

Mit Ausnahme Englands war das Recht der Juristen nicht das hergebrachte Landrecht, sondern das im Hochmittelalter wiederentdeckte Römische Recht. Die imperiale Tradition des Imperium Romanum war eine wichtige Grundlage der politischen Kultur des werdenden modernen Staates. Aus ihr ergab sich langfristig auch die Verstaatlichung von Justiz und Recht. Gerichte, die jetzt auch ohne Kläger von sich aus tätig werden konnten und den Instanzenzug entwickelten, wurden in den werdenden Staatsapparat integriert. Die Herrscher ließen das Recht sammeln und aufzeichnen. Obendrein schufen sie mehr und mehr neues Recht, während das Recht bis dahin stets alt war und von Kennern der Gewohnheiten „gefunden", nicht aber geschaffen wurde. Allerdings war das Recht noch nicht ausschließlich staatlich und insofern auch nicht einheitlich.

Die römische Kirche besaß ihr eigenes kanonisches Recht, das römische Traditionen aufgenommen und weitergegeben hatte, bevor weltliche Juristen das Römische Recht zu bearbeiten begannen. Juristen und Kanonisten entwickelten gemeinsame Verfahren; der Doktor beider Rechte blieb noch lange der Standardabschluss des europäischen Rechtsstudiums. Die römische Kirche besaß zunächst das Bildungsmonopol nicht nur durch Weitergabe der antiken Texte in ihren Klöstern und Schulen, sondern auch, weil außer ihren Klerikern kaum jemand lesen und schreiben konnte. Daher deren

Schlüsselrolle in den frühen Machteliten im Fürstendienst. Vor allem aber hatte die römische Kirche als Rechtskirche römischer Tradition in mancher Hinsicht „staatlichen" Charakter. Sie pflegte mit ihrer Einteilung in Pfarreien und Bistümer das Territorialprinzip, als politische Herrschaft noch als Personenverband verstanden wurde. Ihre Priester hatten kein erbliches Amt, sondern wurden zumindest theoretisch nach Befähigung ständig neu rekrutiert. Man hat sie daher die ersten „Beamten" Europas genannt.

Die starke Stellung der römischen Kirche im lateinischen Westen, dem sogenannten „Abendland", brachte im Gegensatz zum griechischen Osten unter dem byzantinischen Kaiser und zu allen anderen Religionen einen weltgeschichtlich einmaligen Dualismus hervor. Danach unterstand die Welt der doppelten Autorität des Papstes und der Bischöfe einerseits, des Kaisers und der Könige anderseits; von der Krönung Karls des Großen im Jahr 800 bis 1806 gab es im Westen wieder ein Kaisertum fränkischer und deutscher Könige. Der politische Dualismus führte zur grundsätzlichen Trennung von geistlich und weltlich im Sachenrecht, von Klerus und Laien im Personenrecht. Allerdings ließ sich diese reinliche Scheidung in der Praxis nicht immer aufrechterhalten und führte zu erheblichen Konflikten. Dazu kam der Oberhoheitsanspruch des Papstes wegen seiner Zuständigkeit für das Wichtigste, das ewige Heil.

Dank ihres institutionellen Vorsprungs und Bildungsmonopols konnte die Kirche im Hochmittelalter erfolgreich für diese Ansprüche kämpfen. Doch seit dem 13. Jahrhundert wurde dank Aristotelesrezeption und Römischem Recht autonomes weltliches (allerdings immer noch christliches) politisches Denken möglich. Nun waren die werdenden Staaten so erstarkt, dass sie im Spätmittelalter weitgehend die Kontrolle über die Kirche in ihren Ländern übernehmen konnten. Denn die Stellung der Päpste war entscheidend geschwächt durch das große Schisma 1378–1417, als zeitweise drei Päpste miteinander konkurrierten, und den anschließenden Anspruch der Reformkonzilien auf kollektive Oberhoheit über den Papst. Mit Martin Luthers Theologie wurde der kirchliche Heilsapparat schließlich überflüssig und der kirchliche Autonomieanspruch hinfällig. Die werdenden Staaten konnten jetzt endgültig die Kontrolle übernehmen, sogar in katholischen Ländern, weil die Kirche auch dort auf die Staatsgewalt angewiesen war.

Das Wachstum der Staatsgewalt beginnt in der „Zentrale", am Herrscherhof. Dabei gehen institutionelle und symbolische Entwicklung Hand in Hand. Ämter wie Kanzler, Kämmerer, Connetable, Marschall sind für Hof und Reich oder am Hof für das Reich zuständig. Meistens gehören sie außerdem zum Rat, mit dem der Herrscher regiert, unter anderem, weil Beratung durch rechtskundige Räte sein Handeln gegen den Verdacht der Rechtswidrigkeit immunisierte. Der König im Rat war zugleich Regierung und Gericht. Das versteht sich von selbst, denn Regierung und Verwaltung fanden noch lange justizförmig statt, durch Entscheidung von Fällen, die an den Herrscher herangetragen wurden, häufig durch Beantwortung (*Reskript*) einer Bittschrift (*Supplik*). Papst- und Königsurkunden wurden überwiegend von der interessierten Seite entworfen und vorgelegt, was Fälschungen erleichterte.

Im Lauf des Spätmittelalters und der Frühneuzeit fand eine Ausdifferenzierung des königlichen Rates in diverse Zentralbehörden mit spezialisierter Zuständigkeit statt, an denen der Fürst in der Regel nicht mehr persönlich beteiligt war. Je größer und älter das betreffende Reich, desto komplexer war das Ergebnis. Nach Kanzlei und Hofkapelle entstanden verschiedene höchste Gerichte, neben solchen für Zivil- und Strafrecht auch spezialisierte für die Finanzen. Häufig verwandelte sich auch die Kanzlei in einen Gerichtshof.

Denn inzwischen wurde weniger mit Pergamenturkunden der Kanzlei regiert als mit Massen von Briefen und anderen Akten auf Papier. Dafür war das neue Amt der (Staats-)Sekretäre zuständig. Die Ausdifferenzierung der Obergerichte ging Hand in Hand mit der erwähnten Ausbildung einer Hierarchie von Gerichtshöfen und deren Instanzenzug. Manchmal konkurrierten die Obergerichte sogar miteinander. Denn damals wurden neue Institutionen nicht an die Stelle der alten gesetzt, sondern einfach daneben. Finanz-, Kirchen- und Kriegsräte widmeten sich den entsprechenden Politikfeldern.

Übrig blieb ein zunächst ziemlich kleines Gremium aus Inhabern höchster Ämter und/oder vertrauten Räten des Herrschers, das unter dessen Vorsitz die große Politik bearbeitete, meistens Geheimrat oder Staatsrat genannt. In Spanien und Rom schuf man im 16. Jahrhundert ein ganzes System von spezialisierten Räten, in Rom Kongregationen genannt, für bestimmte Ressorts oder Länder. Territoriale und sachliche Zuständigkeit kam ebenso vor wie die Mischung von beiden. Es handelt sich dennoch um Vorläufer moderner Ministerien, aber im Gegensatz zu diesen hierarchisch aufgebauten Behörden um kollegiale Ratsgremien. Denn man hielt viel von der Kumulation von Weisheit und von gegenseitiger Kontrolle. In diesem Rahmen konnte sich aber allmählich so etwas wie eine Ämterlaufbahn entwickeln.

Allerdings hatten diese imposanten Zentralbehörden lange Zeit Probleme mit der Durchdringung des Landes. Die Regional- und Lokalverwaltung war weniger entwickelt, sodass die Zentrale in der Regel auf die Zuarbeit lokaler Machthaber aus dem Adel und den Städten angewiesen war. Entsprechend fragmentarisch blieb ihr politischer Einfluss vor Ort. Das wird vor allem bei der im Interesse der Steigerung der Staatsmacht erforderlichen Besteuerung deutlich. Da europaweit der Grundsatz der Unantastbarkeit des Privateigentums galt, brauchte ein Herrscher, der wie üblich nicht mehr mit seinem Königsgut auskam, die Zustimmung der Betroffenen. Das war die Geburtsstunde der sogenannten Ständeversammlungen, einer Art erweiterten königlichen Rates aus Vertretern des Adels, der in der Regel dominierte, der Kirche und des „dritten Standes" der Bürger und – selten – der Bauern. Steuerbewilligung gegen Abstellung von Beschwerden war das Standardverfahren. Daraus entstand die Mitwirkung der Vertretungsgremien nicht nur an der Besteuerung, sondern auch an der Gesetzgebung, die in England zum modernen Parlamentarismus führen sollte.

In den meisten Ländern gelang es den Fürsten aber bis zum 18. Jahrhundert, die Mitwirkung der Stände weitgehend auszuschalten, die Untertanen nach Belieben zu besteuern und die Kontrolle des Landes vor Ort durch einen ausgebauten Beamtenapparat zu intensivieren. Im Zeichen der Aufklärung sollte das auf „Glück der Untertanen" hinauslaufen, vor allem aber auf „Glück des Staates" – wer immer das sein mochte. Den Weg dazu wies die Vernunft. So wurde mit Schwerpunkt um 1800 auf der Grundlage des vernunftgemäßen „Naturrechts" von Staats wegen das Recht vollständig neu geschaffen. Gesetzbücher wie das „Allgemeine Landrecht" für Preußen oder der „Code civil" zusammen mit den anderen vier Codizes Napoleons unterwarfen das ganze Leben der Regelung durch das einheitliche staatliche Recht. Der moderne Staat stand vor seiner Vollendung.

## 12. Kapitel

# Revolution

Das Wachstum der Staatsgewalt bezog seine Dynamik unter anderem auch daraus, dass es sich nicht nur gegen Konkurrenten, sondern auch gegen Widerstände durchsetzen musste. Denn die Europäer waren die längste Zeit nur ausnahmsweise dafür zu begeistern. In der Regel verfolgten sie die Maßnahmen der Machthaber mit Misstrauen und leisteten ihnen oft genug Widerstand. Widerspenstigkeit war ein wesentlicher Bestandteil der politischen Kultur des vormodernen Europäers. Er bestand auf der Unverletzlichkeit seines Eigentums gegen Besteuerung und sonstige Belastungen. Er suchte sich gegen Willkür unkontrollierter Justiz durch Bestehen auf bestimmten Regeln und durch Beteiligung von Seinesgleichen am Verfahren (*Geschworene* oder *Schöffen*) zu sichern. Im 17. Jahrhundert begann der Siegeszug des englischen Prinzips *Habeas Corpus* zum Schutz vor unrechtmäßiger Inhaftierung.

Diese Widerspenstigkeit war bei den Bewohnern der englischen Kolonien in Nordamerika besonders ausgeprägt; schließlich waren ihre Vorfahren teilweise dorthin ausgewandert, um sich dem Zugriff der Staatsgewalt zu entziehen. Als diese anfing, sie ohne ihre Mitwirkung gegen ihren Willen finanziell zu belasten und mit Justiz ohne Geschworene zu bedrohen, rebellierten sie und erklärten sich 1776 für unabhängig. Dazu gehört auch, dass sie dem politischen Geschäft dadurch Rechtssicherheit geben wollten, dass sie sich nicht wie bisher mit Gewohnheitsrecht oder Einzelgesetzen begnügten, sondern zu diesem Zweck zusammenfassende Grundgesetze schufen, die ersten Verfassungen im modernen Sinn.

Mit ihrer Erhebung gehören sie aber durchaus in eine europäische Tradition. Denn ihre Unabhängigkeitserklärung beruft sich nicht nur auf Vorstellungen der Aufklärung, sondern bis ins Detail auch auf Argumente, mit denen die aufständischen Niederländer sich 1581 von ihrem Herrscher, dem spanischen König Philipp II., losgesagt hatten. Die europäische Geschichte des Spätmittelalters und der Frühen Neuzeit ist voll von Adels- und Volksaufständen gegen die Herrscher. Dabei war Gewaltanwendung nur das letzte der differenziert abgestuften Instrumente des Widerstandes, zu denen unter anderem Abgabenverweigerung oder Klageerhebung gehörten. Nur in Europa war es möglich, gegen den eigenen Herrn vor Gericht zu ziehen! Adelswiderstand, vor allem solcher der Ständevertretungen wie des englischen Parlaments, erregte mehr Aufsehen und konnte sich medienwirksam artikulieren. Volkswiderstand war fast immer lokal und wurde von der Forschung oft nur zur Kenntnis genommen, wenn er sich landesweit ausbreitete wie im deutschen Bauernkrieg 1524/25.

Das alles waren aber keine „Revolutionen". Nicht nur, dass es diesen Begriff als politischen noch nicht gab. Stattdessen wurde er damals von Astronomen wie Kopernikus auf die Bewegungen von Himmelskörpern angewandt. Vor allem aber erstrebte keine dieser Bewegungen einen Umsturz des politischen Systems, sondern – was die Vorsilbe „re" von Haus aus anzeigt – eine Rückkehr zum guten alten Recht. Dabei richtete sich der Widerstand zunächst nicht gegen die geheiligte Person des Herrschers, sondern gegen seine Diener, die ihn schlecht beraten hätten und daher bestraft gehörten. Sie konnten gegebenenfalls dem Volkszorn geopfert werden wie noch 1641/45 in England – diese Vorstufe der Ministerverantwortlichkeit war lebensgefährlich! Denn nicht Notlagen waren die Auslöser von Aufständen, sondern das Gefühl, Opfer von Rechtsverletzung zu sein; Notlagen wurden gerne auf solche zurückgeführt, etwa auf Einquartierung, Getreidewucher und willkürliche Besteuerung. Neuerungen galten keineswegs von vorneherein als lobenswert wie in der Moderne, sondern eher als verwerflich. Schließlich boten die Bibel, das alte Recht und für die „Gebildeten" die musterhafte Literatur des „klassischen" Altertums Lösungen für alle Lebenslagen. Wenn es einmal echte Neuerungen gab, dann mussten auch diese als Rückkehr zum guten Alten dargestellt werden, was vermutlich meistens keine Heuchelei ihrer Urheber, sondern deren Überzeugung gewesen sein dürfte.

Im 17. Jahrhundert löste die Behauptung, die eigene Literatur könne besser sein als die der Antike, anhaltende Kontroversen aus. Damals begannen im Zusammenhang des englischen Bürgerkrieges erstmals Neuerungen als solche Legitimität zu beanspruchen. Überwiegend wurde freilich immer noch mit dem alten Recht argumentiert, obwohl es sich um einen gewaltsamen Umsturz des politischen Systems handelte, in dem das siegreiche Parlament 1649 erstmals einen König (Karl I.) vor Gericht stellte und hinrichten ließ, um anschließend eine Republik zu gründen – für unsere Begriffe eine Revolution, auch wenn die Restauration der Monarchie schon 1660 folgte. Aber der Begriff „Revolution" wurde erst rückwirkend auf diese Vorgänge angewandt. Zum ersten Mal tauchte er in der Politik als offizielle Bezeichnung der „Glorious Revolution" von 1689 auf, als das Parlament den Monarchen ausgewechselt und sein Übergewicht gegenüber der Krone stabilisiert hatte. Aber das war immer noch als Formel für die Wiederherstellung des richtigen Zustandes gemeint. Erst in der Aufklärung des 18. Jahrhunderts setzte sich mit dem Anspruch der Vernunft, im Gegensatz zur Tradition alles neu und besser zu machen, auch der moderne Revolutionsbegriff durch. Als Umsturz des Bestehenden blieb er nicht auf die Politik beschränkt. Der französische

Großaufklärer Voltaire wendete ihn auf die Reformation und die Aufklärung selbst an und die Geschichtsschreibung der Moderne sollte bald ganze Serien von „Revolutionen" hervorbringen: die Finanzrevolution, die (erste, zweite, dritte) Industrielle Revolution, die Agrarrevolution, die Grüne Revolution, die (erste, zweite, dritte) Medienrevolution usf. Modern sein hieß revolutionär sein!

Demgemäß wurden die Ereignisse in Frankreich zwischen 1787 und 1799 oder 1815 von Beteiligten wie Beobachtern ganz selbstverständlich als „Französische Revolution" bezeichnet. Im Gegensatz zu anderen Ländern war es in Frankreich nicht gelungen, die Verwandlung des Landes in einen modernen Staat im Zeichen der Aufklärung weiterzutreiben. Schwache Könige waren nicht imstande, die störenden Privilegien von Adel, Klerus und Juristen der Obergerichte zu beschneiden. Verheißungsvolle Reformen wurden immer wieder zurückgenommen. Während England durch parlamentarisch garantierte Absicherung der Staatsanleihen über unbegrenzten Kredit für seine Machtpolitik verfügte, blieb Frankreichs Krone auf Bankiers angewiesen und steuerte auf den 1788 erklärten Staatsbankrott zu. Zwar wurden die Engländer höher besteuert, hatten aber den Eindruck von Steuergerechtigkeit, weil es formal keine Ausnahmen gab. Die Franzosen hingegen wurden zwar niedriger besteuert, aber extrem uneinheitlich und ungerecht. Adel, Klerus und andere Privilegierte waren formal von direkten Steuern befreit. Die Krone wurde einerseits von aufgeklärten Reformern bedrängt, hinter denen das dank der Prosperität des 18. Jahrhunderts aufstrebende Bürgertum stand, andererseits von der organisierten Opposition der Obergerichte als Vertretern der Privilegierten. Diese konnte sie schließlich zur Einberufung der Generalstände veranlassen, der gesamtfranzösischen Ständevertretung, was die Krone seit 1614 vermieden hatte.

Die Wahlen zu den Generalständen führten zu einer Mobilisierung der Öffentlichkeit durch Druckmedien und politische Clubs. Sie brachten Tausende von Beschwerdeschriften (*Cahiers de doléances*) hervor, ein Prozess nationaler Meinungsbildung, wie ihn selbst die moderne Demokratie nicht mehr kennt. Dazu kam die kritische Wirtschaftsentwicklung gegen Ende des 18. Jahrhunderts; die Revolution wurde von Missernten und Arbeitslosigkeit vorangetrieben. Denn ihre Sprengkraft erhielt sie durch das Zusammentreffen von drei revolutionären Bewegungen. In den Generalständen übernahm der überwiegend von Advokaten vertretene „Dritte Stand" die Führung und erklärte sich im Bund mit aufgeklärten Adeligen und Geistlichen zur Versammlung der Nation, die hinfort nicht mehr vom König allein verkörpert wurde. Nationalversammlung und Krone mussten aber auch auf die Revolution auf dem Lande reagieren, wo Bauern die Belastung durch die Grundherrschaft angriffen und im Ergebnis das uneingeschränkte Privateigentum an Land durchsetzen konnten. Dazu kam drittens das städtische Kleinbürgertum vor allem aus Paris, das unter Versorgungsschwierigkeiten litt und viel traditionellere wirtschaftliche Vorstellungen hatte als die aufstrebenden mittel- und großbürgerlichen Schichten.

Diese Pariser hatten mit dem Sturm auf das Bastillegefängnis 1789 ein erstes Zeichen gesetzt. Jetzt erzwangen sie die Übersiedelung von König und Nationalversammlung nach Paris. Das gestattete radikalen Kräften, sich der Pariser Massen zu bedienen, um den revolutionären Prozess weiter voranzutreiben. Die Schaukelpolitik des Königs im Bunde mit dem feindlichen Ausland, mit dem sich Frankreich seit 1792 im Krieg befand, trug weiter zur Eskalation bei. Die mit der 1791 beschlossenen Verfassung eingerichtete konstitutionelle Monarchie wird 1792 von einer Republik abgelöst, König Ludwig XVI. 1793 verurteilt und hingerichtet. Der zu diesem Zweck gewählte Nationalkonvent schafft zwar im selben Jahr eine neue radikaldemokratische Verfassung, die aber nie in Kraft tritt. Stattdessen regieren Konventsausschüsse das Land mittels einer terroristischen Notstandsdiktatur. Sondergerichte verhängen 17 000 Todesurteile gegen Verdächtige aller Art; dazu kommen Massaker in den Provinzen, etwa die Bekämpfung der Gegenrevolution in Westfrankreich (*Vendée*). Aber es gelingt, die Einheit Frankreichs zu behaupten und eine siegreiche Wende im Krieg herbeizuführen. Daraufhin kann die Diktatur 1794 durch eine großbürgerliche Republik ersetzt werden. Deren Schwäche führt 1799 zum Militärregime Napoleons, dessen außenpolitische Niederlage schließlich die Restauration des Bourbonenkönigtums 1815 ermöglicht.

Hinrichtung Ludwigs XVI., deutsche Darstellung

Erstaunliche Parallelen zur englischen „Revolution" 1640–1660 und zu anderen haben zur Unterstellung eines gesetzmäßigen Ablaufs moderner Revolutionen geführt: Gemäßigte Anfänge – Radikalisierung – Diktatur – Restauration. Mit den nötigen Variationen von Fall zu Fall hat dieses

Konzept einiges für sich. Ungleich wichtiger ist aber die Feststellung des widersprüchlichen Charakters der Französischen Revolution und ihrer weltgeschichtlichen Folgen. Einerseits gilt sie zu Recht als einer der maßgebenden Freiheitskämpfe in der Geschichte der Menschheit. Andererseits hat sie das Wachstum der Staatsgewalt nicht etwa gebremst, sondern weiter gefördert und sogar seine terroristische Vollendung im totalen Staat des 20. Jahrhunderts vorweggenommen. An dieser Zweideutigkeit scheiden sich bis heute die Geister, was nicht nötig wäre, denn für Historiker gehört beides zusammen.

Die Revolution hat 1789 mit der Abschaffung des Feudalsystems das Ende der Privilegiengesellschaft und die Gleichheit aller vor dem Gesetz herbeigeführt. Mit der Erklärung der Menschenrechte von 1789, die in die Verfassung von 1791 einging, hat sie nach amerikanischen Vorbildern eine Verbindung der uralten Ansprüche des widerspenstigen Europäers mit den Errungenschaften der Aufklärung als unveräußerliche Rechte der Person proklamiert: Gleichheit vor dem Gesetz, Meinungs- und Religionsfreiheit, Sicherung vor Machtmissbrauch durch die Justiz, Unantastbarkeit des Eigentums, Volkssouveränität, Repräsentativsystem mit Gewaltenteilung und Wahlen. Die französische Verfassung von 1793 fügte bereits das Recht auf Bildung und das Recht auf Sozialhilfe hinzu, die dann allerdings bis ins 20. Jahrhundert wieder verschwinden sollten. Die Menschenrechte wurden nach den Verbrechen des Zweiten Weltkriegs 1948 mit der Allgemeinen Erklärung der Menschenrechte von den Vereinten Nationen nachdrücklich wieder aufgegriffen und seither durch verschiedene Konventionen konkretisiert und erweitert. Neben sozialen Rechten wie dem Recht auf Arbeit mit gleichem Lohn für Frauen gibt es neuerdings noch radikalere Ansprüche wie das Recht auf eine intakte Umwelt und das Recht auf sauberes Wasser.

Der Versuch, die *Déclaration des droits de l'homme et du citoyen* 1791 mittels einer *Déclaration des droits de la femme et de la citoyenne* durch Frauenrechte zu ergänzen, scheiterte; ihre Verfasserin wurde 1793 hingerichtet. Politischer Mensch war bis ins 20. Jahrhundert allein der Mann, allerdings zunächst der vermögende Mann, denn das allgemeine Männerwahlrecht von 1792 wurde allerorten erst einmal wieder auf ein Zensuswahlrecht reduziert, bisweilen auf weniger als ein Prozent der Bevölkerung. Das Frauenstimmrecht konnte zuerst 1869 in Wyoming eingeführt werden, dann 1893 in Neuseeland, kurz vor dem Ersten Weltkrieg in Skandinavien, 1918 in Deutschland und vielen anderen Ländern, 1920 in den USA, 1928 in Großbritannien, aber erst 1944 in Frankreich und 1971 in der Schweiz.

Außerdem wurde auch im 21. Jahrhundert die Zweideutigkeit der revolutionären Errungenschaften selbst im Hinblick auf die Menschenrechte offenbar. Sie waren von Haus aus staatskritisch, wurden aber durch ihre Integration in das staatliche Recht „gezähmt" und der staatlichen Willkür ausgeliefert. Sie bilden zwar die Grundlage der Verfassung und des Rechts, gelten aber dennoch nur solange, wie es der Staatsgewalt beliebt. Die Maßnahmen der USA nach dem 11. September 2001 sprechen eine ebenso beredte Sprache wie ihre zunehmende gesetzliche Einschränkung in Deutschland.

Auch die Herstellung politischer Gleichberechtigung lief auf Steigerung der Staatsgewalt hinaus, denn sie vollendete die Nivellierung der Untertanen. Nicht mehr als Mitglieder eines differenzierten Gefüges intermediärer Gruppen wie Familien, Genossenschaften, Gemeinden kamen sie mit der Staatsgewalt in Kontakt, sondern als staatsunmittelbare Individuen. Aus dem „Bürger" einer Stadt – mehr bedeutete der Begriff nicht – wurde etwas Neues, der „Staatsbürger". Damit war die politische Nation zwar von wenigen Privilegierten auf das ganze Volk ausgeweitet, aber der Einzelne auch dem unmittelbaren Zugriff der Staatsgewalt ausgesetzt. Es gab keinen staatsfreien Raum mehr. Die Kirche wurde in Frankreich zunächst vollständig enteignet und verstaatlicht – die radikale Vollendung der traditionellen gallikanischen Kirchenpolitik. Erst 1905 folgte ihre Trennung vom Staat. Die Adelsherrschaft verschwand völlig, die Gemeinden wurden zu Instanzen staatlicher Auftragsverwaltung; an die Stelle autonomer Bürgergemeinden traten Einwohnergemeinden von Staates Gnaden. Eine einheitliche Verwaltung aus Berufsbeamten überzog ein aus standardisierten Einheiten bestehendes Territorium. Die neuen Départements der Französischen Revolution sollten ursprünglich durchnummerierte Quadrate sein; in Teilen der USA ist eine solche rational-rechtwinklige Gliederung des Landes verwirklicht. Generell wurde das Kollegialprinzip durch das hierarchische Direktorialprinzip ersetzt, mit den modernen Fachministerien an der Spitze. Kabinette mit einem Ministerpräsidenten wurden daraus aber erst durch die fortschreitende Parlamentarisierung, die eine gemeinsame Linie der von der Volksvertretung abhängigen Minister verlangte.

Darüber hinaus hat die Französische Revolution die moderne Vorstellung von der Nation als Inbegriff des politisch handelnden Volkes geschaffen und erstmals leidenschaftliche Hingabe an diese neue Identität ausgelöst. Der politische Märtyrer trat an die Stelle des religiösen. Nationale Heldenverehrung schlug sich in Denkmälern, Gedenktagen, Feiern, Liedern und Texten nieder. Bereits die Revolution setzte ihre „Heiligen“ in einer zum *Panthéon,* dem Tempel aller „Götter“, umgewandelten Kirche bei! Die Nation wurde zur letzten Legitimationsinstanz. Unter Berufung auf ihren wirklichen oder vorgeblichen Willen beansprucht der moderne Staat die Kompetenz, in letzter Instanz selbst über seine Kompetenzen zu entscheiden. Die potentielle Kontrolle durch eine religiöse

Bindung oder ein allgemein verbindliches Naturrecht war entfallen. Als Nation verkleidet wurde der Staat zum Zweck seiner selbst.

Insofern begann mit der Französischen Revolution die Vollendung des modernen europäischen Machtstaates, auch wenn er manche seiner Merkmale erst im 20. Jahrhundert erwerben sollte. Angedeutet waren sie freilich schon damals. Grundlegend ist die dreifache Einheit

1. des Staatsgebiets – es gibt keine autonomen Gebiete mit unterschiedlichem Status mehr,
2. des Staatsvolks – es gibt keine Gruppen mit unterschiedlichem Status und unterschiedlicher Sprache mehr,
3. der Staatsgewalt – es gibt keine autonomen Herrschaften mehr.

Einheitlichkeit war geradezu eine Obsession der politischen Moderne!

Die Staatsgewalt ist damit souverän, das bedeutet

4. Monopol der Gewaltanwendung nach innen durch Justiz, Verwaltung und Polizei,
5. Monopol der Gewaltanwendung nach außen durch Krieg und Militär.

Das alles hatte sich schon lange abgezeichnet. Neuere Errungenschaften sollten jetzt hinzukommen. Der voll entwickelte moderne Staat ist nämlich

6. Rechts- und Verfassungsstaat, das heißt, er funktioniert nach den Regeln des Rechts und einer Verfassung (das war im 19. Jahrhundert auch ohne Demokratie möglich),
7. Nationalstaat, was dem modernen Vereinheitlichungswahn schreckliche Möglichkeiten zur „ethnischen Säuberung" eröffnet,
8. Demokratie, das heißt, er bekennt sich zur Volkssouveränität, zu den Grund- und Menschenrechten und zu einem durch Wahlen konstituierten parlamentarischen Regime mit mehreren politischen Parteien,

9. Sozialstaat mit der Aufgabe umfassender Daseinsvorsorge für seine Bürger.

Mit Ausnahme des Vatikans wollen alle politischen Gemeinwesen der Erde heute in diesem Sinn moderne Staaten sein. Ob sie es auch sind, wird allerdings immer fraglicher.

13. Kapitel

# Herren der Welt

Es gibt keinen Teil der Erdoberfläche, der in den letzten 500 Jahren nicht irgendwann unter europäische oder nordamerikanische Kontrolle geriet, und sei es nur für wenige Jahre wie Japan in der zweiten Hälfte des 19. Jahrhunderts oder Äthiopien 1935–41. Meistens handelte es sich sogar um ausdrückliche Kolonialherrschaft. Die wenigen Länder, die ihre formelle Unabhängigkeit behaupten konnten wie das Osmanische Reich, Iran, Afghanistan, China und Siam (wie Thailand bis 1939 bzw. bis 1949 hieß), verdankten dies der Konkurrenz der Mächte, die sich nicht über ihre Aufteilung einigen konnten oder multinationales Engagement vorteilhafter fanden oder schlicht eine Pufferzone benötigten. Nichtsdestoweniger waren auch diese Länder wirtschaftlich und politisch so weitgehend von Kolonialmächten abhängig, dass man sie getrost als „Halbkolonien“ bezeichnen konnte. Das Osmanische Reich wurde nach dem Ersten Weltkrieg sowieso noch zwischen Engländern, Franzosen, Italienern und Griechen aufgeteilt. Schließlich meldeten zwischen 1908 und 1946 Großbritannien und sechs weitere Länder sogar Ansprüche auf den Antarktischen Kontinent an; seit 1961 gilt dort eine fragile Internationalisierung durch den Antarktis-Vertrag.

Das war die Endphase der europäischen Expansion. Sie hatte nach ihren Anfängen im Mittelalter schon in der frühen Neuzeit zur Unterwerfung gigantischer Erdräume geführt, neben Amerika auch das von den Russen eroberte Sibirien. Das wurde möglich durch die technologische, mentale und politische Entwicklungsdifferenz zwischen Europa und den Vorbewohnern, die in Amerika noch in der Steinzeit lebten. Den Rest der Welt haben die Europäer zwar auch „entdeckt“ – im späteren 18. Jahrhundert waren Australien und der Pazifik an der Reihe, im neunzehnten das Innere Afrikas und Asiens, im frühen zwanzigsten die Polargebiete. Bis ins 18. Jahrhundert spielten sie aber in Asien und Afrika überall eine marginale Rolle als Händler und allenfalls Missionare und brachten es höchstens zu befestigten Küstenplätzen mit etwas Hinterland wie die Portugiesen in Goa oder die Niederländer in Batavia. Die Asiaten waren ihnen kulturell und politisch ebenbürtig wenn nicht überlegen und die Afrikaner wussten sie sich ebenfalls erfolgreich vom Leibe zu halten.

Das änderte sich seit der Mitte des 18. Jahrhunderts infolge der Entwicklung zum modernen europäischen Machtstaat, der sich dann im 19. Jahrhundert dank der wirtschaftlichen Übermacht des industriellen Kapitalismus und der damit zusammenhängenden Technologie allen Imperien der Welt überlegen erweisen sollte. Der britische Lobpreis des 1884 von Hiram Maxim erfundenen Maschinengewehrs verewigt die Schlüsselrolle der Waffentechnik:

*What ever happens*
*we have got*
*the Maxim gun*
*and they have not!*

Davon konnte zwar im 18. Jahrhundert noch kaum die Rede sein, wohl aber von der erhöhten Mobilisierung von Ressourcen auf europäischer Seite, nicht zuletzt durch Einsatz der hoch trainierten Berufssoldaten des werdenden modernen Staates. Auch die verschiedenen Ostindiengesellschaften wussten sich ihrer zu bedienen.

Die Holländer machten den Anfang und verschafften sich allmählich die Kontrolle über immer größere Teile der Insel Java. Engländer und Franzosen hingegen fischten in den Konflikten zwischen den immer noch mächtigen Nachfolgereichen des zerfallenden Moghul-Imperiums in Vorderindien im Trüben. Dabei spielte die Rivalität dieser beiden „Weltmächte", die sich 1674–1815 im Dauerkonflikt mit einer Reihe von Kriegen befanden, eine stimulierende Rolle. 1763 hatten die Briten die Franzosen aus Nordamerika verdrängt und in Indien auf unbefestigte Stützpunkte beschränkt. Sie selbst verschafften sich durch zwei siegreiche Schlachten 1756 und 1764 die Kontrolle über das reiche Bengalen. Obwohl der Ostindienkompanie weitere Eroberungen durch Gesetz verboten wurden, unterwarfen ihre Kommandeure bis 1818 in einer Art von „Vorwärtsverteidigung" gegen wirkliche oder vorgebliche Bedrohung durch indische Fürsten und Franzosen den gesamten Subkontinent bis zum Indus. Im 19. Jahrhundert wurden die Gebiete jenseits des Indus sowie Assam und Burma erobert. Inzwischen hatte Russland, das von Sibirien durch Mittelasien nach Afghanistan vordrang, Frankreich als Phantomgegner der Briten abgelöst. Nach der traumatischen Erfahrung eines großen Aufstands der indischen Truppen der Kompanie wurde Indien 1858 von der Krone übernommen, 1876 ein britisch-indischer Kaisertitel geschaffen.

Als Verbündete Napoleons verloren die Niederländer ihre Kolonien an die Briten. 1815 erhielten sie Indonesien zurück. Allerdings wurde ihnen die englische Hafenfestung Singapur vor die Nase gesetzt. Außerdem behielten die Briten Ceylon und die Kapkolonie zur Sicherung des Seewegs nach Indien. Deswegen blieben sie auch in Gibraltar, erwarben Zypern und besetzten Ägypten sowie Aden zwecks Kontrolle des 1869 eröffneten Suezkanals und des Roten Meeres. Nach dem Sieg über Napoleon besaß Großbritannien die weltweite See- und Handelsherrschaft. Unter diesen Umständen war sein Übergang zum Freihandel nicht nur risikolos, sondern eine ausgesprochen kostengünstige Politik. Daher war man dort nicht mehr am Erwerb weiterer Kolonien interessiert, die nur Geld kosteten. Indien allerdings erwies sich als Absatzmarkt für englische Baumwoll- und Metallwaren, diente gegenüber Drittländern mit seiner aktiven Handelsbilanz zum Ausgleich der passiven britischen, zahlte Gehälter und Pensionen für Administratoren und Offiziere und stellte eine eigene Armee zur Verfügung, die England nichts kostete. Daneben entwickelten sich Kanada, Südafrika, Australien und Neuseeland zu Siedlungskolonien, regelrechten „neuen Europas" wie die USA. Die Vorbehalte gegen Belastungen durch neue Kolonien führten jedoch dazu, dass man diesen „weißen" Ländern Selbstverwaltung gewährte, sobald sie sich selbst finanzieren konnten.

Aber der sogenannte „Freihandelsimperialismus" Großbritanniens konnte auch anders. Weil China die britischen Opiumimporte aus Indien unterbinden wollte, wurde flugs ein Krieg begonnen, der 1842 mit der Abtretung Hongkongs, der teilweisen Öffnung des Landes und dem ersten der ungleichen Verträge zugunsten des Westens endete. Diese enthielten eine Meistbegünstigungsklausel, nach der alle Mächte automatisch in den Genuss derjenigen neuen Vorrechte kamen, die eine von ihnen zusätzlich erworben hatte. Bis 1949 war China in diesem Sinne Halbkolonie. Japan wurde 1853 von den USA „geöffnet", die nach der Kolonisierung ihres Kontinents über den Pazifik ausgriffen und bald die Philippinen erobern sollten. Dank glücklicher Umstände gelang es den Japanern aber, sich dem Regime ungleicher Verträge rasch wieder zu entziehen, ihr Land zu modernisieren und sich mit Siegen über China 1895 und Russland 1905 selbst erfolgreich unter die imperialistischen Mächte einzureihen.

Denn gegen Ende des 19. Jahrhunderts machte sich nicht nur Englands Rivale Frankreich erneut bemerkbar, sondern mit Deutschland, Italien, Japan, den USA und König Leopold II. von Belgien im Kongobecken tauchten neue kolonialpolitische Rivalen auf. Anstelle britischer Dominanz herrschte jetzt heftige Mächterivalität; das Zeitalter des „Imperialismus"

„Lippen-Neger" im Leipziger Zoo 1930

war angebrochen. Nun galt es im Sinne des Sozialdarwinismus der eigenen Nation zum siegreichen Überleben Rohstofflieferungen, Absatzmärkte und Investitionsfelder zu sichern. Die Folge war die Aufteilung der meisten noch unabhängigen Länder Asiens und vor allem fast des ganzen afrikanischen Kontinents in wenigen Jahrzehnten.

Doch die wenigsten dieser neuen Kolonien erfüllten den angestrebten Zweck. Gewinn gemacht und investiert wurde nämlich nicht dort, sondern in den westlichen Ländern selbst, in den erwähnten Halbkolonien, in Lateinamerika sowie in Indien und Südafrika. Aber die imperialistischen Politiker wollten mit der Sicherung potentieller Chancen ihren Rivalen zuvorkommen. Für die meisten Staatskassen war der Kolonialismus so oder so ein schlechtes Geschäft. Die Edelmetalleinfuhren aus Amerika haben Spanien und Portugal einst mehr geschadet als genützt. Nur die Niederlande, die 1831–1877 in Indonesien mittels des sogenannten „Kultursystems" Kaffee und andere Handelspflanzen für die Staatskasse anbauen ließen, konnten mit diesen Einnahmen ihre Staatsschuld sanieren sowie ihre Textilindustrie und ihren Eisenbahnbau subventionieren. Natürlich gab es gigantische Kolonialprofite, aber in der Regel bei Privaten. Die Staaten hatten dafür als infrastrukturelle Voraussetzungen Ruhe und Ordnung sowie Eisenbahnen und Häfen zu schaffen, was in der Regel defizitär ausfiel. Doch eigentlich sollten Kolonien, wenn sie dem Staat schon keinen Gewinn brachten, wenigstens nichts kosten, sondern sich selbst erhalten. Auch der Kolonialismus funktionierte nach dem Prinzip des modernen Kapitalismus: Privatisierung der Gewinne – Sozialisierung der Verluste.

Für die Kolonisierten bedeutet das, dass ihre Länder zwar entwickelt wurden, aber zum Nutzen der Kolonialherren als Rohstoffproduzenten und Absatzmärkte. Zum Beispiel wurden ihre Eisenbahnnetze auf Hafenstädte ausgerichtet; binnenkontinentale Querverbindungen sind eher selten. Kolonien kamen auch nicht in den Genuss der politischen Verdichtung, die den modernen Staat in Europa kennzeichnete, sondern wurden aus Kostengründen im vormodernen Stil mit einem Minimum an europäischem Personal verwaltet, das darauf angewiesen war, sich einheimische Helfer zu beschaffen oder sich mit lokalen Machthabern zu arrangieren. Die berühmte „indirekte Herrschaft" (*indirect rule*) durch indische Fürsten, nigerianische Emire und ostafrikanische Könige entsprang nicht britischer Weisheit, sondern britischer Sparsamkeit und war auch keine britische Spezialität! Wo es keine solchen Partner gab, wurden sie von den Kolonialherren durch Einsetzung von „Amtshäuptlingen" neu geschaffen. Das hat Ethnologen zu dem Trugschluss geführt, die „Stämme" und Ethnien Afrikas, deren Konflikte heute so eine große Rolle spielen, seien selbst nichts als Produkte der Kolonialherrschaft, die damit für besagte Konflikte verantwortlich gemacht werden konnte. Das trifft in manchen Fällen zu, lässt sich aber nicht verallgemeinern. Die Situation war überwiegend uneindeutig und entwicklungsoffen. Denn die wirtschaftlichen und politischen Nachteile der Kolonialherrschaft bedeuteten keine zwingende Weichenstellung in Richtung auf Verarmung und postkolonialen Staatszerfall. Solcher Determinismus, wie er lange von der „Dependenztheorie" gepredigt wurde, ist im Grund rassistisch, weil er die Fähigkeit der Kolonisierten unterschätzt, die Kolonialherrschaft für ihre Zwecke zu nutzen, ihre Chancen wahrzunehmen – und schließlich nachkolonial souverän nicht nur richtige, sondern eben auch falsche Entscheidungen zu treffen.

Die Beteiligung an den beiden Weltkriegen bescherte den Kolonisierten die Erkenntnis der Schwäche ihrer Herren und ermutigte sie zur Forderung nach politischen Gegenleistungen. Die britischen Siedlungskolonien Kanada, Südafrika, Australien und Neuseeland wurden in der Zwischenkriegszeit faktisch unabhängig, nur durch die gemeinsame Monarchie zum *Commonwealth of Nations* verbunden. Von den „Farbigen" erstrebten die Inder in der Zwischenkriegszeit denselben Status. Ihr Führer Mohandas Karamchand Gandhi (1869–1947) vereinte indische mit westlicher Kultur und wurde mit seinen gewaltfreien Methoden Vorbild vieler politischer Kämpfer. Allerdings gelang es ihm nicht, die indischen Moslems einzubinden. Nachdem Großbritannien die Unabhängigkeitsbewegung zunächst erfolgreich unterdrückt hatte, gab es 1947 überstürzt nach, mit Millionen von Flüchtlingen und Hunderttausenden von Ermordeten als Preis der Trennung von Indien und Pakistan. Nach schweren Kriegen in Französisch-Indochina und Britisch-Malaya folgten in den vierziger und fünfziger Jahren alle Kolonien Asiens. 1955 hielten sie in Bandung ihre erste Konferenz ab.

Davon gingen Impulse nach Afrika aus, das aber zunächst nicht freigegeben, sondern zum Ersatz für die verlorenen Gebiete „entwickelt" werden sollte. Auch für diese dritte, die große Dekolonisation (nach der ersten in Amerika und der zweiten des Commonwealth) gilt die drei-Vektoren-Regel: Eine starke antikoloniale Bewegung hat erstens nur Erfolg, wenn zweitens das „Mutterland" zur Nachgiebigkeit bereit ist, was drittens häufig mit der weltpolitischen Konstellation zusammenhängt. Letztere wurde damals von den zwei neuen Weltmächten USA und UdSSR bestimmt, die Kolonialismus der bisherigen Art ablehnten, außerdem von der neu gegründeten UNO, in der Ex-Kolonien bald zahlreich vertreten waren. Insofern wurde auch Afrika vom *Wind of Change* (so der britische Premier Macmillan) erfasst; zwischen 1955 und 1965 erlangten die britischen, französischen und belgischen Kolonien ihre Unabhängigkeit, Algerien und Kenia nach blutigen Kriegen, weil es dort zahlreiche weiße Siedler gab. Für die portugiesischen Kolonien bedurfte es einer Revolution gegen das autoritäre Regime im Mutterland 1975.

Damit gerieten auch die rassistischen Siedlerregimes in Rhodesien, Namibia und Südafrika in Schwierigkeiten. Mit russischer, kubanischer und ostdeutscher Unterstützung wurde die Unabhängigkeitsbewegung Namibias von Angola aus gefördert, Rhodesien, seit 1980 Zimbabwe, wurde von Moçambique her aufgerollt. Die rassistische „Festung" Südafrika kam dadurch selbst ins Wanken, zumal seine *Apartheid* (Rassentrennung) sich als ökonomisch kontraproduktiv erwies. 1989–1994 wurde dieses Regime von einer Demokratie mit afrikanischer Mehrheitsregierung abgelöst. Die weltpolitische Entspannung dank der Auflösung der Sowjetunion und des kommunistischen Blocks 1987–1991 gehört zu den Voraussetzungen dieser Entwicklung. Auch Russland verlor jetzt seine als Sowjetrepubliken maskierten Kolonien in Mittelasien und im Kaukasusgebiet; die Tschetschenen, die im

19. Jahrhundert als Letzte der russischen Übermacht erlegen waren, haben zwei Unabhängigkeitskriege verloren. So bleibt Israel als letzte Siedlungskolonie der Geschichte übrig, die zugleich Kolonialherrschaft über die Palästinenser ausübt. Da die Haltung seiner Regierung und die Weltpolitik aber zu wünschen übrig lassen, ist mit Dekolonisation dort nicht zu rechnen. Weder die Freigabe der arabischen Gebiete noch die Möglichkeit eines gemeinsamen Staates liegen derzeit im Bereich des Möglichen.

Eine Gesamtbilanz des Kolonialismus mit quantifizierten Entschädigungsansprüchen ist wissenschaftlich sinnlos. Es lässt sich allerdings durchaus qualitativ aufzeigen, dass und wie die europäische Expansion erstmals eine real existierende Einheit der Menschheit geschaffen und dabei das Angesicht der Erde verändert hat. Nicht nur Mikroorganismen, Pflanzen samt Unkräutern und Tiere samt Schädlingen unterlagen weltweitem Austausch, auch der Mensch selbst. Nicht nur die Weißen haben sich über die Erde verbreitet, sondern auch die Afrikaner unfreiwillig nach Amerika. Guayana, Mauritius und die Fidschi-Inseln sind indisch geworden, Singapur ist chinesisch. Ökologisch hat sich in Europa weniger geändert als in den Kolonien. Allerdings hat die Ausbreitung amerikanischer Kulturpflanzen wie Mais und Kartoffel, Maniok und Süßkartoffel, Tomate und Tabak Ernährung und Landwirtschaft weltweit revolutioniert. Auf der anderen Seite hat die Einführung der Schweine, Rinder und Pferde in Amerika, der Schafe in Australien und Neuseeland dort grundlegende Veränderungen hervorgerufen, sogar kulturelle. Zum Beispiel ist der berittene Indianer unserer Jugendbücher und Filme das Ergebnis der kreativen Übernahme des Pferdes durch die Prärie- und Pampas-Indianer, die ursprünglich Fußgänger waren. Allerdings sind die Savannen Amerikas inzwischen weitgehend zu Ackerland für Getreide geworden, nicht ohne Umweltschäden, wie sie in anderer Art seither bei der Ausbeutung tropischer Regenwälder auftreten.

Die Wirtschaft hat sich vereinheitlicht und operiert global. Gesellschaftlich treffen wir weltweit dieselben Schichten und Gruppen westlicher Herkunft: Unternehmer und Arbeiter, Techniker und Wissenschaftler, Ärzte und Juristen, Beamte und Berufssoldaten, Künstler und Medienleute. Der moderne europäische Staat mit Gesetzgebung und Verwaltung, Justiz und Bildungswesen ist das politische Exklusivmodell, auch wenn die Wirklichkeit oft sehr zu wünschen übrig lässt. Auch viele andere Elemente westlicher Kultur sind weltweit anzutreffen. Man bedenke z. B. die exzellente Darbietung deutscher Musik durch Ostasiatinnen und Ostasiaten oder die Explosion des Christentums, obwohl oder gerade weil die traditionelle, auf das europäische Vorbild fixierte Mission sich überlebt hat. Gerade hier ist zu beobachten, dass die einstigen Herren der Welt ihrer Errungenschaften enteignet wurden, weil die Anderen sie sich erfolgreich angeeignet haben. Englisch ist nicht mehr nur die Muttersprache der Angelsachsen, sondern die Weltsprache von Naturwissenschaft, Technik und Wirtschaft sowie die Erstsprache vieler Afrikaner und Asiaten geworden. Aber solche globalen Befunde zeigen nicht die Monotonie eines kulturellen Einheitsbreis an, sondern die Vielfalt lokaler Varianten unseres nachkolonialen Weltkulturerbes.

14. Kapitel

# Welt der Herren

Seit der Dekolonisation gibt es keine Imperien mehr, sondern nur noch Nationalstaaten oder solche, die das sein wollen. „Reiche" oder großformatige „Imperien" – das war die uralte Form politischer Großorganisation, die inzwischen weltweit vom modernen Staat abgelöst wurde, der in Europa daraus hervorgegangen ist. Auch in Deutschland wurde 1949 das „Deutsche Reich", das von 1871 bis 1945 existierte, durch die „Bundesrepublik Deutschland", im Osten durch die „Deutsche Demokratische Republik" ersetzt. Reiche unterschieden sich von Staaten durch ihre losere und inhomogene Struktur. Eine Zentrale kontrollierte unterschiedlich intensiv Gebiete mit unterschiedlichem Status und Bevölkerungen mit unterschiedlichen Rechten. So verschiedenen Ländern wie Kanada, Indien und Nigeria im Britischen Empire entsprachen Neapel, Mexiko und die Philippinen im einstigen spanischen Imperium oder Brandenburg-Preußen, Württemberg und die Herrschaften der Reichsritter im 1806 untergegangenen „Alten Reich".

Freilich mit einem entscheidenden Unterschied: Mit Großbritannien handelte im Zentrum des Empire ein moderner Machtstaat, während Kastilien im Zentrum des spanischen und die Habsburger Erbländer im Zentrum des „Heiligen Römischen Reiches" selbst Gebilde mit der losen politischen Struktur von „Reichen" waren. Auch das „Deutsche Reich" war von 1871 bis 1918 nicht nur nicht der deutsche Nationalstaat, denn es gab auch anderswo Deutsche, vor allem in Österreich, sondern auch seiner Struktur nach ein „Reich", das heißt juristisch ein Fürstenbund unter preußischer Vorherrschaft. Erst 1919 wurde „Deutsches Reich" zur Bezeichnung für einen modernen Staat, zunächst ohne Österreich. Doch nach 1933 war mit dem „Großdeutschen Reich" dann nicht nur die Vereinigung aller Deutsch sprechenden Menschen, zuerst der Österreicher, dann der tschechischen Sudetendeutschen und anderer in einem Nationalstaat gemeint, sondern im „Dritten Reich" bezeichnete der bewusst unscharf gebrauchte, dafür aber stark emotional besetzte Begriff theologischer Herkunft außerdem weit darüber hinausgreifende Herrschafts- und Weltmachtansprüche.

In der zweiten Hälfte des 19. und der ersten Hälfte des 20. Jahrhunderts, dem Zeitalter des Imperialismus und der Weltkriege, trafen zwei Entwicklungen zusammen: einerseits der Gipfelpunkt imperialer Expansion über die ganze Erde, andererseits die Vollendung des modernen nationalen Machtstaates, der nach 1945 das uralte Modell „Reich" restlos verdrängen sollte. Die modernen nationalen Machtstaaten mussten die imperiale Expansion als zusätzliches Instrument ihres Machtkampfes nutzen und konnten das, weil die Nicht-Europäer überwiegend politisch noch nicht konkurrenzfähig waren. Auf diese Weise wurden die binneneuropäischen Konflikte durch europäische „Weltpolitik" nicht nur in weniger entwickelte Weltgegenden exportiert, sondern obendrein außereuropäische Nachahmer wie die USA und Japan mit einbezogen. So brachte die „Weltpolitik" zwei „Weltkriege" 1914–1918 und 1937/39–1945 hervor, an deren Ende die „Weltpolitik" nicht mehr von Europa gemacht wurde, sondern von den „Weltmächten" USA und UdSSR mit ihren Satelliten, während die kolonialen Imperien verschwanden. Darüber hinaus traten 1945 an die Stelle des ziemlich schwachen „Völkerbundes" (1919–1946) die „Vereinten Nationen", die zusammen mit ihren Unterorganisationen inzwischen beachtliches weltpolitisches Gewicht gewonnen haben, allerdings nur auf der Grundlage der stets brüchigen Zusammenarbeit von Nationalstaaten.

Es war also die Vollendung des modernen nationalen Machtstaates in Europa, die das keineswegs friedliche, aber halbwegs stabile europäische Mächtesystem des 18./19. Jahrhunderts unter der Hegemonie der sogenannten „Pentarchie" von England, Frankreich, Russland, Österreich, Preußen bzw. Deutschland destabilisierte und zu zwei Katastrophen führte. Zwar hatte sich mit den Vorformen des modernen Staates schon früh eine Eigenlogik der zwischenstaatlichen, später dann „internationalen" Politik herausgebildet, die mit Kategorien wie „Staatsräson", „Interesse" und „Prestige" operierte. Diese waren ursprünglich auf die Monarchen bezogen und blieben den Untertanen ziemlich fremd, auch wenn diese unter den Kriegen als der maßgebenden Form machtpolitischer Auseinandersetzung zu leiden hatten. Aber jetzt war nicht mehr der Fürst der Inbegriff des Staates, sondern die Nation. „Staatsräson", „Interesse" und „Prestige" waren jetzt nicht mehr Sache von Experten, sondern vor allem im Zeichen der Demokratisierung der Politik die Sache von Jedermann, bald auch von Jederfrau, und dementsprechend emotional besetzt. Von nun an gehörte ressentimentgeladene „ethnische Säuberung" des eigenen Territoriums zur radikalen Verwirklichung des Nationalstaates – bis heute. Die rationale Korrektur verfahrener Situationen war oft gar nicht mehr möglich – so auch 1914, als die Ermordung des österreichischen Thronfolgers zu einem Weltkonflikt eskalierte.

Mit dieser Nationalisierung der Politik ging ein Wandel der sozioökonomischen Struktur einher, den die Marxisten sogar zur Ursache der gesteigerten Aggressivität der Mächte erklärt haben. Die kapitalistische Wirtschaft erlebte nämlich ein neuartiges rasantes Wachstum im Zeichen von Industrialisierung und Technologie. Dazu gehörte eine nicht minder rasante Entwicklung mörderischer Militärtechnologie, die mit dem makabren Höhepunkt der ersten und bisher einzigen Einsätze von Atombomben am 6. und 9. August 1945 in Hiroshima und Nagasaki bekanntlich keineswegs ihr Ende erreicht hat. Natürlich spielte bei den Mächtekonflikten die Konkurrenz um Märkte und Investitionsmöglichkeiten eine Rolle, aber oft genug wurde umgekehrt die Wirtschaft vom politischen Machtwillen in Dienst genommen, so im Falle verschiedener deutscher Kolonien. Kapitalisten hielten die meisten Kriege bloß für eine lästige Störung beim Geldverdienen.

Hinter den Konflikten steckte vielmehr die Angst, den Kürzeren zu ziehen. Die Politik der Nationen wurde als Kampf ums Dasein begriffen, in dem nur die stärkeren überleben würden. Wie in der Wirtschaft ausbleibendes Wachstum noch heute selbstverständlich als Krise oder gar als erster Schritt in den Untergang gedeutet wird, so galt auch in der Politik die Steigerung der eigenen Macht als einzige Möglichkeit, sich zu behaupten. Da Macht aber keine absolute, sondern eine relationale Größe ist, kann sie nur auf Kosten anderer gesteigert werden. Der Krieg, bis dahin als Fortsetzung der Politik mit anderen Mitteln und als notwendiges Übel betrachtet, wurde jetzt als Bewährungsprobe der Nation und als „Stahlbad" für ihre Angehörigen zum Inbegriff von Politik; beim deutschen Chefstrategen des Ersten Weltkriegs Erich Ludendorff war Politik bloß noch die Fortsetzung des Krieges mit anderen Mitteln.

Von dieser sozialdarwinistischen Weltanschauung war es nur noch ein Schritt zum Rassismus. Bekanntlich halten sich menschliche Gruppen stets für besser als ihre Nachbarn. Jetzt aber wurde der Hass zwischen den Völkern und das koloniale Herrenmenschentum biologisch begründet und gerechtfertigt. Genetische Unterschiede wurden zu Wertunterschieden. Der europäische Rassismus lässt sich in seiner folgenschweren deutschen antisemitischen Variante zwar nicht direkt aus der Kolonialgeschichte herleiten, wie immer wieder behauptet wird. Aber es ist durchaus plausibel, dass die Gewöhnung an koloniales Herrenmenschentum solchem Rassismus den Weg bereitet und ihn akzeptabel gemacht hat. Der dubiose „Kolonialpionier" Carl Peters liebte es ebenso, mit einer Hundepeitsche aufzutreten, wie der frühe Adolf Hitler.

In den Kolonien konnte dergleichen auf dem kulturellen Dünkel aufbauen, mit dem unterschiedliches Entwicklungsniveau wahrgenommen wurde. Nicht nur Deutsche wollten „Neger" zum Arbeiten erziehen und damit erst „zu Menschen machen". Franzosen waren zwar bereit, einen Schwarzafrikaner, der sich ihren kulturellen Idealen anpasste, als ebenbürtig zu akzeptieren und sogar wie Léopold Sédar Senghor in die Académie Française aufzunehmen. Aber der Preis war Aufgabe der eigenen kulturellen Identität, was für Moslems in Algerien nicht in Frage kam. So blieben sie wie die meisten Schwarzafrikaner „Untertanen" minderen Rechts, statt „Bürger" der République Française zu werden. Aber das allgemeine Bürgerrecht hätte zahlenmäßig „Frankreich zur Kolonie seiner Kolonien" gemacht – da war sogar die Dekolonisation noch vorzuziehen. Für britische Untertanen war die Rechtslage günstiger, die informelle Distanzierung der Kolonialherren aber noch deutlicher. Selbst im uralten Hochkulturland Indien blieb es nicht bei der Betonung der eigenen kulturellen Überlegenheit, die immerhin mit der guten Absicht, den anderen zu „bessern", verbunden war, sondern mehr und mehr setzte sich die Vorstellung durch, der Inder sei wie der Afrikaner biologisch unheilbar minderwertig und daher „unverbesserlich".

In Europa ließ sich nicht so krass argumentieren, aber die Vorstellung, dass andere Nationen gegenüber der eigenen nicht nur kulturell, sondern irgendwie auch biologisch zweitklassig seien, griff ebenfalls um sich. Wir wissen freilich längst, dass es keine „reinrassigen" Völker gibt, sondern dass alle Völker eine genetische Mischung darstellen, dass es keine rassisch reinen Germanen gegeben hat, und wenn es sie gegeben hätte, das deutsche Volk als Ganzes nicht von ihnen abstammen könnte. Nicht nur im Lichte der modernen Genetik ist es erschreckend, wie unseriös selbst nach damaligen Maßstäben argumentiert wurde und mit welchen oberflächlichen Kriterien Menschen in Deutschland als rassisch minderwertig eingestuft und damit zur Verfolgung freigegeben wurden. Wissenschaft im Dienst der Politik wird auch wissenschaftlich unseriös.

Doch was geschieht, wenn eine ihrer Überlegenheit bewusste europäische Nation im Völkerkampf den Kürzeren zieht, wie die Deutschen 1918? 1945 waren Zerstörung und Erschöpfung so total, dass der deutsche Staat zu existieren aufhörte und deutsche nationale Identität eher als ein Makel empfunden wurde. 1918 hingegen blieben Volk und Staat erhalten, auch wenn die Menschen infolge der alliierten Blockade am Hungern waren. Aber während im europäischen Mächtesystem bisher Kriege und Friedensschlüsse infolge der Interessenlage der Sieger das Gleichgewicht nicht völlig zerstört hatten und pragmatisch als Macht-, nicht aber ideologisch als Moralfrage behandelt wurden, hatte jetzt jahrelang aufgeheizter Hass zu einer Polarisierung in „Gute" und „Böse" geführt – das Mächtesystem war am Ende.

Man kann den Frieden von Versailles, der Deutschland 1919 diktiert wurde, unter diesen Umständen sogar noch als eine Art von gelungenem Kompromiss ansehen. Historisch ausschlaggebend wurde aber, dass die Deutschen sich von ihm nicht ohne Grund fast geschlossen national zutiefst gedemütigt und moralisch diffamiert fühlten. Dazu kam die unzutreffende, aber weit verbreitete und von der Rechten planmäßig geschürte Vorstellung, die eigenen Heere seien im Grunde nicht besiegt worden, sondern einem

„Dolchstoß in den Rücken" durch politische Verräter im eigenen Land erlegen. Das waren die sozialistischen Revolutionäre von 1918, vor allem die Juden unter ihnen. Das Ergebnis war ein massives und weit verbreitetes Ressentiment gegen die Sieger, die Linken und die Juden, das Politiker unschwer für ihre Zwecke nutzen konnten. Die Umstände waren günstig, denn die erste deutsche Republik wurde immer wieder von wirtschaftlichen und außenpolitischen Krisen gebeutelt, verfügte nur über zwei oder drei politische Parteien, die auf dem Boden der Verfassung standen, und rückte im Rahmen einer wachsenden Polarisierung zwischen der extremen Rechten und der extremen Linken an der Spitze immer weiter nach rechts. Ihr langjähriges Staatsoberhaupt Hindenburg war Oberbefehlshaber im Ersten Weltkrieg gewesen!

Die Polarisierung artikulierte sich ideologisch, denn das 20. Jahrhundert war das Jahrhundert der politischen Ideologien, deren Rolle sich bereits in der Französischen Revolution angekündigt hatte. Jetzt handelte es sich um Kommunismus und Faschismus, etwas genauer um verschiedene Kommunismen (Russland, China, Kuba usf.) und Faschismen (Italien, Deutschland, Spanien usf.). Karl Marx' Analyse der gesetzmäßigen Entwicklung des industriellen Kapitalismus und des Proletariats wurde von Führern der Arbeiterparteien aufgegriffen. Erstmals in Russland 1917 kam es zur revolutionären Errichtung einer theoretisch egalitären Herrschaft der Arbeiter- und Bauernklasse unter der Führung der Kommunistischen Partei. Praktisch handelte es sich hier wie bei allen späteren kommunistischen Regimes um eine mehr oder weniger ausgeprägte Ein-Mann-Diktatur. Bei den Faschisten war die gemeinsame Ideologie ziemlich fragmentarisch und lief oft genug einfach auf den Primat heldischen Handelns im Dienst der Nation hinaus. Hitler interessierte sich kaum für die Theoretiker seiner Partei und ihre keineswegs einheitlichen Ideen. Die ideologisch begründete NS-Bauernpolitik zum Beispiel fiel bald den machtpolitischen Notwendigkeiten des Krieges zum Opfer. Faschismus war zunächst einmal radikaler Nationalismus, konnte sich dabei aber stärker am Staat orientieren wie in Italien oder an der „Rasse" wie in Deutschland. Wesentlich war die ausgeprägte, oft geradezu kultische Bejahung von Gewalt und Krieg, die bisweilen als einziger gemeinsamer Nenner der verschiedenen Faschismen bezeichnet wird.

Man hat im Hinblick auf die totale Bindung und emotionale Mobilisierung dieser ideologischen Bewegungen sogar von „politischen Religionen" gesprochen, verfügten sie doch über ein reichhaltiges System von Symbolen (Fahne, Uniform, Orden, Gruß, neuer Kalender), wussten grandiose Massenrituale zu zelebrieren (Reichsparteitag der NSDAP, Parade zum Gedenktag der Oktoberrevolution) und pflegten einen „Heiligen"-Kult um verstorbene „Helden" (Lenin, Opfer des Münchener Hitlerputsches von 1923) sowie einen Führerkult um Mussolini, Stalin, Hitler, Franco, Mao Zedong u. a. Zur „politischen Religion" gehörte aber auch der „politische Böse", der kompromisslos vernichtet werden musste, bei den Kommunisten der „Klassenfeind" und „Verräter", bei den Faschisten „der Kommunist", in Deutschland aber der Rassenfeind, „der Jude". Insgesamt handelte es sich um „charismatische Herrschaft" im Sinne Max Webers, die allerdings zum größeren Teil auf echten wie manipulierten Gefühlen der Massen beruhte. Denn kaum einer der Führer war eine überragende Persönlichkeit. Gerade am Falle Hitlers lässt sich zeigen, dass er weder Genie noch Dämon war, sondern ein ziemlich durchschnittlicher und in mancher Hinsicht eher kläglicher Mensch, der aber politische Talente besaß und dank günstiger Umstände geschickt zu nutzen verstand: Rednergabe und die Fähigkeit zu überzeugen, Machtinstinkt und ein gutes Gedächtnis.

Adolf Hitler im Alter von sechzehn Jahren

Mit mehr Glück als Geschick kam er 1933 an die Macht, schaltete bis 1934 die letzten inneren Widerstände gegen seine persönliche Diktatur aus und gewann die meisten Deutschen durch die erfolgreiche Revision des Vertrags von Versailles bis hin zum Anschluss Österreichs 1938. 1939 entfesselte er den Krieg gegen Polen. Durch Erfolge gegen Frankreich und England verblendet weitete er ihn 1941 durch den Angriff auf Russland und die Kriegserklärung an die USA im Gefolge des japanischen Angriffs auf Pearl Harbor zum Weltkrieg aus. Mit dem Verlust Stalingrads, der Landung der Alliierten auf Sizilien 1943 und in der Normandie 1944 wendet sich der Krieg dann zu seinem Ende 1945.

Obwohl Hitler in Wien noch jüdische Freunde hatte, stilisierte er seit den Anfängen seiner politischen Karriere „den Juden" zum Sündenbock und zum Bösen schlechthin. Politik und Krieg wurden zum Rassenkampf gegen „die jüdische Weltverschwörung". Darum folgte auf die rechtliche Diskriminierung und Verfolgung der Juden seit den Nürnberger

Gesetzen 1935 und dem Großpogrom der sogenannten „Reichskristallnacht" 1938 im Krieg der Massenmord zuerst durch Erschießungen, dann durch quasi-„industrielle" Vergasung in Auschwitz. Es gab keinen nachweisbaren Befehl Hitlers, aber die SS und die anderen beteiligten Instanzen, zum Beispiel im Heer, in der Industrie oder der Reichsbahn, wollten nur zu gerne „dem Führer entgegenarbeiten". Der deutsche Antisemitismus dürfte sich ursprünglich kaum von demjenigen anderer Länder unterschieden haben. Er führte aber offensichtlich zu weitverbreitetem Desinteresse am Schicksal jüdischer Mitbürger und ließ sich bei vielen Leuten unschwer zu deren Diskriminierung und sogar zur Mitwirkung am Mord weiterentwickeln.

Die Kommunisten glaubten, mit der klassenlosen Gesellschaft werde der Staat als überflüssiges Zwangsorgan des Klassenkampfes absterben. Vorerst schufen sie aber denselben Typ Gemeinwesen wie die Faschisten, den „totalen Staat", die Endstufe des Wachstums der Staatsgewalt. Der moderne Staat benutzte seine Befugnis, selbst über seine Befugnisse zu entscheiden, dazu, alle Beschränkungen seiner Macht entweder formell abzuschaffen oder durch Ignorieren im Widerspruch zum geschriebenen Recht zum Verschwinden zu bringen. Im Namen des Klassen- oder Rassenkampfes wurde totale Verfügung über den Menschen beansprucht; im Prinzip gab es keinen staatsfreien Raum mehr, auch nicht in der Familie. Mittels zahlreicher Organisationen wurde das ganze Leben erfasst. Ziel war die „Züchtung" eines perfekten neuen Menschen, im wörtlichen biologischen Sinn bei den Nationalsozialisten, im übertragenen sozialtechnischen bei den Kommunisten. Zu diesem Zwecke ungeeignetes „Menschenmaterial" musste „ausgemerzt" werden – nicht nur in Deutschland, sondern auch in der UdSSR, in China, in Kambodscha wurden Millionen ermordet. Weiter kann der Staat wohl kaum gehen.

15. Kapitel

# *Wir sind das Volk*

Am 9. November 1989 fand in Deutschland eine siegreiche Revolution ohne jedes Blutvergießen statt. Im Herbst 1989 hatten immer größere Zahlen von Demonstranten in Leipzig und anderswo dem ostdeutschen kommunistischen Regime immer wieder in Sprechchören ihren demokratischen Souveränitätsanspruch entgegengehalten: *Wir sind das Volk*. Schließlich knickte die SED-Führung ein, verzichtete auf Repression und öffnete halb aus Versehen am 9. November die innerdeutsche Grenze. In Berlin feierte das Volk und begann, die Grenzmauer einzureißen. Die SED-Herrschaft war zu Ende.

Trotz Massenabwanderung nach Westen war aber zunächst nur von einer demokratischen Erneuerung der sozialistischen DDR die Rede. Die Wiedervereinigung mit der BRD trat erst allmählich in den Vordergrund, nicht zuletzt dank der geschickten Politik des Bundeskanzlers Helmut Kohl. In den ersten freien Wahlen entschied sich die Mehrheit der DDR-Bürger für die Parteien der Wiedervereinigung, die dann nach dem Einigungsvertrag vom 31. August am 3. Oktober 1990 durch Beitritt der wiedergegründeten fünf Ost-Länder zur Bundesrepublik Deutschland vollzogen wurde. Nach der Freiheit wollte diese Mehrheit so rasch wie möglich auch die D-Mark und den westlichen Lebensstandard haben. Die Politiker hingegen wollten die günstige weltpolitische Konjunktur zur Wiedervereinigung nutzen.

Nach 1945 mündeten die machtpolitischen und ideologischen Gegensätze unter den Siegern in die weltpolitische Konfrontation der Supermächte UdSSR und USA mit ihren

Satelliten. Dieser „Kalte Krieg" beschränkte sich zwischen den Supermächten selbst auf diplomatische Auseinandersetzungen, Prestigekämpfe wie die „Eroberung" des Weltraums und das Wettrüsten mit Atombomben und Raketen. „Stellvertreterkriege" wurden von Verbündeten geführt. Die USA selbst griffen in Korea und Vietnam, die UdSSR in Afghanistan ein. Deutschland und Korea waren seit 1945 zwischen den Machtblöcken geteilt, der sogenannte „Eiserne Vorhang" verlief mitten durch diese Länder. In Vietnam erfolgte die Teilung 1954 im Zuge der Dekolonisation. Sie endete 1976 in der vorübergehenden Entspannungsphase der siebziger Jahre, in Deutschland 1990 nach dem Ende des Kalten Krieges; Korea ist heute noch zertrennt.

Nach 1945 wurde Deutschland in vier Besatzungszonen, Berlin in vier Sektoren geteilt. Die Hauptsieger USA, Russland und Großbritannien „schenkten" Frankreich eine eigene Zone und einen Sektor Berlins sowie eine Million Kriegsgefangene. Die „Staatsgewalt" lag vollständig bei den Besatzern, die deutsche Verwalter nach Belieben ein- und absetzten. Bald wurden neue Länder geschaffen, u. a. durch Aufteilung Preußens; nur Bayern, Sachsen und Thüringen hatte es schon vorher gegeben. Demokratie fand aber nur unter Besatzungskontrolle statt. Die Alliierten bestraften Kriegsverbrecher und versuchten nicht besonders erfolgreich, die Millionen Parteimitglieder zu „entnazifizieren". In verzweifelter Wirtschaftslage hatten die Deutschen vor allem im Osten umfangreiche Demontagen zu verkraften und insgesamt 16 Millionen Landsleute aus den an Polen und die UdSSR verlorenen Gebieten östlich der Oder und Neiße, aus dem Sudetenland und aus Ungarn aufzunehmen. Diese Zuwanderer wurden keineswegs mit offenen Armen empfangen und verächtlich „Flüchtlinge" genannt statt politisch korrekt „Heimatvertriebene". Die Politik der „ethnischen Säuberung", die die Deutschen im Osten getrieben hatten, schlug nun auf sie selbst zurück. Unfreiwillig wurden sie zu einem der wenigen wirklich ethnisch homogenen Nationalstaaten.

Die Sieger wollten die Deutschen zwar klein halten, aber sie sollten nicht zur Belastung und zu einem Unruheherd werden. Außerdem konnten sich die Alliierten nicht über die geplante gesamtdeutsche Regierung einigen. In dieser Lage halfen die Westmächte der deutschen Wirtschaft durch Zusammenschluss ihrer Zonen, die Währungsreform von 1948 und das europaweite Kreditprogramm des Marshall-Plans (1947–1952) wieder auf die Beine, flankiert von der Einführung der Marktwirtschaft durch den „Wirtschaftsdirektor" Ludwig Erhard, entgegen der allgemeinen, damals auch von der CDU geteilten Neigung zum Sozialismus. Vom Aufschwung der Weltwirtschaft begünstigt, entwickelte sich daraus das „Wirtschaftswunder". Damit ließen sich nicht nur die erwähnten Belastungen verkraften, sondern auch die wiedereingeführte Demokratie populär machen.

Auf Befehl der Westmächte hatte ein „Parlamentarischer Rat" ein „Grundgesetz" entworfen und von den Landtagen verabschieden lassen. 1949 wurde die „Bundesrepublik Deutschland" mit der Hauptstadt Bonn gegründet; die Souveränität lag in letzter Instanz aber immer noch bei den „Hohen Kommissaren" der Westmächte auf dem Petersberg. Die Verfassung versuchte aus der Geschichte zu lernen und war demgemäß von tiefem Misstrauen gegen direkte Volksabstimmungen wie in der Weimarer Republik und unter Hitler erfüllt. Andererseits sollte der bescheidene Begriff „Grundgesetz" die Vorläufigkeit betonen, bis das ganze deutsche Volk sich in Freiheit eine Verfassung geben werde – was es 1990 dann nicht tun durfte! Die „Wiedervereinigung" blieb immer Programm, wurde aber paradoxerweise erst dann erreicht, als sie weitgehend zur Leerformel verkommen war.

Denn die BRD ging unter ihrem mit allen Wassern gewaschenen ersten Bundeskanzler Konrad Adenauer (1949–1963) den sicheren Weg der West-Integration mit Abbau alliierter Vorbehaltsrechte bis zur Souveränitätserklärung 1955. Restlos souverän wurde Deutschland allerdings erst durch den Zwei-Plus-Vier-Vertrag zwischen den deutschen Staaten und den einstigen Siegermächten vom 12. September 1990. Auch die Beteiligung an den expandierenden europäischen Gemeinschaften (1952 Montanunion, 1957 Europäische Wirtschaftsgemeinschaft, 1967 Europäische Gemeinschaft, 1992 Europäische Union) bedeutete Souveränitätsverlust. Ursprünglich sollte damit ohnehin die neue deutsche Wirtschaftskraft durch Einbindung kontrolliert werden. Im kalten Krieg wurde auch die Wiederaufrüstung der BRD und ihre Aufnahme ins westliche Bündnis NATO von denselben Alliierten betrieben, die eben noch den deutschen Militarismus durch totale Entwaffnung ausrotten wollten. Als strategisches Vorfeld unmittelbar am „Eisernen Vorhang" wurde die BRD eine Art Militärlager eigener wie alliierter Truppen, Flugzeuge und Raketen, dicht bestückt mit amerikanischen Atomwaffen.

Für die ebenfalls 1949 gegründete DDR und ihre „Volksarmee" galt Entsprechendes im Rahmen des „Warschauer Pakts". Die Russen hatten zwar ihre gesamtdeutschen Ansprüche aufrechterhalten, aber dennoch früh deutsche Zentralbehörden für ihre Zone errichtet. Die nach der gewaltsamen Vereinigung von KPD und SPD zur SED (Sozialistische Einheitspartei Deutschlands) betriebene Gründung der „Deutschen Demokratischen Republik" hatte zunächst einen gesamtdeutschen Anstrich. Aber rasch wurde der „sozialistische Staat deutscher Nation" daraus, der selbsternannte Erbe der besten Traditionen der deutschen Geschichte. Demgemäß überließ die DDR die historische Verantwortung für den Judenmord der BRD und entdeckte zum Beispiel die historische Bedeutung des „Volksverräters" Martin Luther erst wieder, als sich mit seinem Jubiläum 1983 Prestige und Devisen gewinnen ließen.

Die DDR war zunächst eine stalinistische Diktatur. Durch Unterdrückung des Volksaufstands am 17. Juni 1953 und mit der Genehmigung des Baus der Berliner Mauer 1961, mit der das Ausbluten durch Flucht in den Westen unterbunden wurde, musste sie zweimal von der Sowjetunion gerettet werden. Diese hatte 1948 und 1961 vergebens versucht, den Status Berlins als westlicher Insel in der DDR zu ändern. 1948 wurde das blockierte West-Berlin zeitweise durch eine alliierte Luftbrücke ernährt – eine grandiose logistische Leistung, die allerdings den amerikanischen, britischen und westdeutschen Steuerzahler teuer zu stehen kam. Die heutige Verschuldung der neuen Hauptstadt ist nur eine Fortsetzung der finanziellen Abhängigkeit von der BRD, die 1948–1958 ein „Notopfer Berlin" als Sondersteuer erhob. 1961 ging es nur noch um West-Berlin. 1948 hatte die Spaltung auch hier begonnen; Ostberlin wurde zur Hauptstadt der DDR. Die Konzentration von Funktionärspersonal schlägt sich noch heute in hohen Stimmenanteilen für „Die Linke" nieder.

Die Milderung staatlicher Repression von brutaler Gewalt zu bürokratischer Misshandlung bei vollständiger Überwachung durch das Ministerium für Staatssicherheit machte aus der DDR aber noch keinen Rechtsstaat. Trotz sozialpolitischer Erfolge dürfte die Akzeptanz des Regimes durch die Bevölkerung weitgehend auf Hinnahme des Unvermeidlichen hinausgelaufen sein. Außerdem ging die Sozialpolitik auf Kosten der Wirtschaft. Obwohl angesichts der im Vergleich zur BRD ungünstigen Rahmenbedingungen beachtliche wirtschaftliche Aufbauleistungen erbracht wurden, führte nicht nur das Festhalten an der Kollektiv- und Planwirtschaft, sondern vor allem die Missachtung wirtschaftlicher Rationalität im Detail durch eine vergreiste politische Führung unter den kritischen Weltmarktbedingungen der achtziger Jahre zum wirtschaftlichen Niedergang und zu wachsender Unzufriedenheit der Bevölkerung, die sich 1989 dann massenhaft artikulierte.

Im Zuge der gegenseitigen Diffamierung von BRD und DDR wurde die erstere gerne als Hort der Reaktion alter Nazis dargestellt. Nicht ohne Grund, denn die politische Leistung, Millionen ehemaliger Nazis in ein erfolgreiches demokratisches System zu integrieren, musste damit bezahlt werden, dass belastetes Personal bis auf die Minister- und Staatssekretärsebene gelangte und untere Instanzen noch lange damit durchsetzt blieben. Dem entsprach eine konservativ-autoritäre Grundtendenz von Politik und Gesellschaft. Aber zugleich wuchs eine Generation heran, die mit demokratischen Ansprüchen groß geworden und von dem aus Amerika kommenden Kulturwandel begeistert war. Die Rebellion von 1968 war eher Folge als Ursache dieses Wandels. Die von „der Pille“ ausgelöste sexuelle Emanzipation gehörte ebenso dazu wie die Durchsetzung von Gleichberechtigungsansprüchen der Frauen. Dass jene Rebellen „brav“ und zum Teil ebenfalls Minister geworden sind, ist kein Erfolg einer wie auch immer gearteten Revolution, sondern zeigt nur, dass eine ältere Generation autoritär geprägter Politiker einer neuen, „liberalen“ Generation Platz gemacht hatte.

Nachdem die SPD dem Marxismus und die CDU zumindest für die Praxis dem Christentum abgeschworen hatte, konnte eine große Koalition 1966–1969 einer SPD-FDP-Regierung unter Willy Brandt (1969–1974) und Helmut Schmidt (1974–1982) den Weg bereiten. Im Rahmen des weltpolitischen „Tauwetters“ der siebziger Jahre leitete diese eine neue Ostpolitik ein: 1970 vertragliche Normalisierung der Beziehungen zur Sowjetunion und zu Polen samt Anerkennung der Oder-Neiße-Linie, 1973 Grundlagenvertrag mit der DDR, der das beibehaltene Staatsziel „Wiedervereinigung“ erst einmal in weite Ferne rücken ließ, ebenfalls 1973 Aufnahme der BRD und der DDR in die UNO. Auch nachdem die Koalition an wirtschaftspolitischen Vorstellungen der FDP zerbrochen war, behielt die CDU-FDP-Regierung unter Helmut Kohl (1982–1998) diese Ostpolitik bei.

Nach erneuten Spannungen mit den USA in der ersten Hälfte der achtziger Jahre konnte und wollte die UdSSR unter Michail Gorbatschow (1985 Parteisekretär, 1988 Präsident) den Rüstungswettlauf mit den USA nicht mehr mithalten. Auf den Rückzug aus der Weltpolitik folgten innere Reformen, die zum Zerfall der Sowjetunion und der Erosion der kommunistischen Regimes in Russland und Osteuropa führten – nicht hingegen in China, Vietnam und Nordkorea. Die starrsinnige DDR-Führung verlor den Rückhalt an Russland und wurde für die innere Opposition anfällig, der sie schließlich erlag. Helmut Kohl vermochte nicht nur Gorbatschow und den US-Präsidenten Bush senior, sondern auch die skeptischen Briten und Franzosen für die Wiedervereinigung zu gewinnen. Die ausländischen Truppen zogen aus beiden Deutschland ab, aber Deutschland blieb in der NATO. Die Europäische Union expandierte in der veränderten Lage bis 2013 auf 28 Mitglieder.

Es handelte sich allerdings nicht um die Vereinigung zweier deutscher Staaten, sondern um den Beitritt der Länder des zerfallenen Oststaats zum siegreichen Weststaat, der dem Osten unverzüglich sein gesamtes wirtschaftliches, soziales und politisches System bis ins letzte Detail überstülpte. Wie die Wahlergebnisse zeigen, hatten die Idealisten der DDR-Opposition bald nichts mehr zu melden; alte und neue Berufspolitiker aus West und Ost nahmen die Sache in die Hand. Es ist bezeichnend, dass nicht der Sieg des revolutionären Ostvolks am 9. November (1989) unser Nationalfeiertag ist, sondern der Triumph der westlichen Polit-Profis am 3. Oktober (1990). Zwar ist alles insgesamt einigermaßen gelungen, aber die DDR-Nostalgie im Osten ist dennoch nicht erstaunlich. Man verklärt eine Welt, in der man nicht dem

Beute-Kapitalismus und der Arbeitslosigkeit ausgeliefert war, sondern jeder seinen bescheidenen, aber sicheren Platz in der Gesellschaft hatte. Auf die neuen Errungenschaften Freiheit und Konsum möchte man dabei freilich nicht verzichten.

Die vergrößerte alte Republik verlegte umgehend ihre Hauptstadt von Bonn am Westrand nach Berlin am Ostrand des Staates, obwohl Berlin im Gegensatz zu Paris oder London nicht über tausend Jahre, sondern nur 75 Jahre deutsche Hauptstadt gewesen war. Aber Berlin eignet sich besser für die aufwändige Selbstdarstellung, die dem neuen nationalistischen Geltungsbedürfnis entspricht, das als Übernahme von internationaler Verantwortung verkleidet wird. Man strebt nach einem ständigen Sitz im Sicherheitsrat der UNO und beteiligt sich daher im Gefolge der einstweilen einzigen Weltmacht USA an Militäroperationen – Kriege gibt es ja nicht mehr – wo immer Menschenrechte missachtet werden, vor allem aber wo westliche Interessen gefährdet sind. Wie im Zeitalter des Imperialismus ist immer noch die strafende Expeditionstruppe die Leitfigur dieses neuen imperialen Interventionismus.

Allerdings ist es mit der Macht des neuen deutschen Nationalstaates nicht so weit her, wie seine eindrucksvollen Aktivitäten vermuten lassen. Denn sein Machtmonopol ist verschwunden und seine Einkünfte reichen nicht mehr zur Erfüllung seiner Aufgaben. Internationale Bindungen, vor allem die Mitgliedschaft in der Europäischen Union, schränken seine Souveränität erheblich ein. Deutschland kann heute nicht mehr nach Belieben Krieg führen, was einst der Inbegriff des staatlichen Machtmonopols nach außen gewesen ist. Aber auch das Machtmonopol nach innen zerfällt, denn die Staatsgewalt kann nichts mehr gestalten, sondern nur noch Interessen, vor allem wirtschaftliche, bedienen oder höchstens in Verhandlungen mit Interessenverbänden eine Schiedsrichterrolle anstreben. Allerdings sitzen deren Vertreter inzwischen ganz offiziell in den Ministerien, wo sie Gesetze, die sie betreffen, nach Maß zuschneiden können. Die staatliche Reaktion auf die Bankenkrise demonstrierte keineswegs Gestaltungsmacht, sondern bediente beflissen die Interessen von Erpressungsmacht. Entscheidungen fallen zwar formal im Parlament, in Wirklichkeit aber hinter den Kulissen, wie die klägliche und selektive Anwesenheit der Abgeordneten bei Sitzungen erkennen lässt. Ein volles Haus gibt es nur bei Veranstaltungen fürs Fernsehen, bei denen aber kaum etwas entschieden wird, denn die Politik ist zum Schaugeschäft verkommen.

Im Gegensatz zur Subventionierung der Wirtschaft, die am längeren Hebel sitzt, kann der Sozialstaat getrost zurückgebaut werden, denn er wird nicht mehr als Defensivstrategie gegen den kläglichen, aber dennoch attraktiven Sozialismus eines gegnerischen Lagers benötigt, das es nicht mehr gibt. Allerdings können Leistungen an Interessengruppen und Geschenke an den Wähler nicht leicht zurückgenommen werden, wenn man wieder gewählt werden will. Gehen nicht genug Steuern und Sozialabgaben ein – was der Reiche mit Konto in Lichtenstein hinterzieht, das holt sich der Arme mit Schwarzarbeit –, muss das Budget mit Kreditaufnahme finanziert werden, zu deren Verzinsung und Tilgung neue Kredite aufgenommen werden. In dieser „Schuldenfalle" bietet der Haushalt keinen Gestaltungsspielraum mehr.

Der Bürger bleibt verdrossener Zuschauer, denn er darf nur alle vier Jahre über Personen entscheiden, die Sachfragen aber muss er faktisch dem Belieben dieser politischen Klasse überlassen, die sich infolgedessen im Widerspruch zur verfassungsmäßigen Volkssouveränität nur zu gerne als souverän betrachtet. Aber 1989 sollte uns lehren, was Fundamentalopposition unter günstigen Umständen sogar gegenüber einem imposanten Kontrollapparat bewirken kann. Auch von den westdeutschen „Grünen“, die sich ebenfalls als System sprengende Fundamentalopposition verstanden, bevor sie vom Profi-System politisch domestiziert wurden, gingen nach ihrem Einzug in die Parlamente zunächst innovative Impulse aus. Es ist also nicht völlig sinnlos, weiter darauf zu bestehen: *Wir sind das Volk.*

# Bildnachweise

S. 22: Soldatinnen der israelischen Armee in Jerusalem, © dpa Picture-Alliance – Report/Andreas Gebert

S. 30: Kuros aus der Glyptothek München, entnommen: Wikipedia

S. 48: Nationalsozialistische Postkarte zum Hermannsdenkmal, entnommen: http://www.westfaelische-geschichte.de/med1114, © Wilfried und Brigitte Mellies-Stiftung

S. 61: Freiburger Tympanon mit Christus als Weltenrichter, © Stefan Weigand

Der Verlag hat sich bemüht, alle Rechteinhaber ausfindig zu machen. In Fällen, in denen dies nicht gelungen ist, bitten wir um Mitteilung.